JN133322

ただ、ありがとう

2018年のリーグ優勝を
決めて胴上げされた

駒大時代には目立った
記録を残せなかったが、
素直で明るく努力する性
格もあり、プロへ進めた

1999年ドラフト6位で広島に入団
(後列右から3番目)

08年に阪神へFA移籍し、4月12日
の横浜戦(横浜)で通算1000安打
をマーク。その日に尊敬する金本
知憲が通算2000安打を達成し、2
人でお立ち台に上がる

プロ1年目の1999年5月
12日の巨人戦(広島)で、
7回にホセ・パーラから右
前へプロ初安打を放つ

北京五輪では日本の
四番を務めた

広島に復帰し、2016年
4月26日のヤクルト戦
(神宮)で史上47人目の
2000安打を達成

プロ野球人生最後の本塁打(319号)は2018年8月29日に6回吉川光夫から放った逆転3ラン

2018年9月21日の阪神戦(マツダ広島)で望月惇志から三塁打を放ち、激走する。プロ野球人生最後となる2203本目の安打は、自分らしいものだった

ただ、

ありがとう

はじめに

プロ野球の春季キャンプが始まった２月１日。昨年まではユニフォームを着ていた宮崎県日南市の天福球場をスーツ姿で訪れた。

見慣れた顔ばかりだから、思っていたほど違和感はなかった。菊池涼介からは「違和感しかありません」と笑われたが……。鈴木誠也たちも元気に練習していた。安心した。


天福球場は若い頃に泥だらけになって練習した場所だ。もう辛い練習をしなくていい……と思うと同時に懐かしくなった。

広島へ８年ぶりに復帰した２０１５年は、全体練習後に左翼後方にある坂道でのダッシュを日課にした。もう一度、初心に戻って体のサビを落とそうと必死に走った。坂を駆け上がって、歩いて降りて、また駆け上がる。その繰り返し。坂の一番上が小高い丘にようになっていて、歩いて戻る時にグラウンド全体が見渡せた。若い選手が特打や特守に一生懸命な様子が分かり、自分の若い頃に重ねて「頑張れ」と心の中でつぶやいていた。忘れられない光景だ。

各地で春季キャンプが実施された2月は広島から始まり、7年間在籍した阪神など、12球団すべてを回った。監督、コーチ、何より選手の練習の邪魔をしてはいけないと思いながら、あいさつしてきた。ありがたいことに、どこへ行っても、歓迎してくれた。今まで出会ってきた人たちとの縁がかけがえのない財産だということを、改めて感じた。

振り返れば、本当に恵まれた20年間の現役生活だった。人との出会いに恵まれ、運に恵まれたから、こんな下手くそな選手が幸せな時間を過ごすことができた。

指導者の方たちからは、たくさんのチャンスをもらい、先輩たちからは、たくさんのことを教えてもらった。後輩たちからは、家族のような絆をもらった。何よりファンの皆さんからは、たくさんの応援と勇気を与えてもらった。たくさん怒らせ、たくさん悲しませたのに、たくさんの「頑張れ」をもらった。

「ただ、ありがとう」

この気持ちでいっぱいだ。本当に「感謝」しかない。たくさんのことを与えられてばかりで、何とか少しでも、お返ししたいと懸命にやってきた。

現役を引退し、これまでの日々を振り返りながら、その時々で、どう思い、どう行動してきたのか。改めて今回、書き起こしたい。

決してプロ野球選手だけが特別ではないと思う。仕事、勉強、スポーツ、どんなことにも辛いことはあるし、喜びもある。読んでいただいた方が物事と向き合う上で何かのヒントになれば……と思う。

それが、少しでも「お返し」になることを切に願って――。

装丁・本文デザイン／浅原拓也
カバー写真撮影／牛島寿人
編集協力／江尾卓也（スポーツニッポン新聞社）
友成貴博（スポーツニッポン新聞社）
マネジメント／佐藤ひろみ
（エイベックス・マネジメント株式会社）
協力／広島東洋カープ

第1章　引退

最高のエンディング

２０１８年11月3日、ソフトバンクとの日本シリーズ第6戦。僕はバッティンググラブを着けてバットを携え、ベンチの最前列で戦況を見つめていた。いつでも行く準備はできている。もちろん、ナインの誰一人として逆転をあきらめてはいない。

出番は2点を追う8回だった。先頭打者・野間峻祥の代打に指名された。残念ながら結果は遊ゴロだったが、ファンの温かい大歓声が心に染みた。9回には今シリーズで初めてファーストの守備にも就いた。

そして9回二死。本拠地マツダスタジアムの空気はピンと張り詰めていた。

打席には鈴木誠也。その9球目、打球がサードへ転がり、アウトがコールされた瞬間に思い出が頭の中を走馬燈のように駆け巡り、いろいろな感情がこみ上げてきた。シリーズでの活躍が光ったカープの主砲。僕とは比べものにならないほどの才能を持つ四番打者の最後を見届け、現役生活にピリオドを打つのも何かの縁だろうか。

「終わったんだ……」

34年ぶりの悲願に届かなかった終幕。悔しくないと言ったら嘘になる。ファンの方に日本一の喜びを味わわせてあげることができず、申し訳ない思いも当然ある。

でも、涙は出なかった。

それ以上に……。

「今まで本当にありがとう」

感謝の気持ちがこみ上げてきた。


2019年3月16日、オリックスとのオープン戦。開幕が迫る中、ありがたいことに、僕の引退セレモニーを開いて頂いた。その時にもマツダスタジアムに詰めかけた大観衆の前で思いを伝えた。

「たくさん怒らせ、悲しませたのに、こんなにたくさん応援していただき、ただ、ただ、ありがとうございました」

偽らざる気持ちだった。

あんなに下手くそだった新井が、よくプロの世界で20年間も――。入団当時を知っている人なら、みんなが同じ感想を持つだろう。誰よりも、僕自身がそう思う。そんな選手がこれほどまで長くプレーできたのも、ファンの皆さんの声援のおかげだ。

こんなに幸せな野球人生はない。

「ただ、ありがとう」

その言葉に尽きる。


今でも昨日のことのように思い出す。

2015年3月27日、カープ復帰後の初打席。罵声を覚悟したのに、信じられないほどの大歓声をもらった。あの1打席だけで、ユニフォームを脱いでもいいとさえ思った。僕にとっては大切な宝物。どれほど勇気づけられたことか。感謝してもしきれない。


チームメイトに対しても同じ気持ちだ。

日本シリーズの6試合。残念ながら1勝4敗1分という結果に終わったが、勝敗を超えて素晴らしい戦いができたと思う。明暗を分けたのは、わずかな差。負け惜しみに聞こえるかもしれないが、ソフトバンクとの力の差は感じなかった。

全員が勝ちたい、日本一になりたいと一致団結し、気持ちを前面に出して、声を張り上げた。日本ハムと戦った2年前の日本シリーズから、みんな心も技術も成長し、チームとして一つにまとまっていた。

僕自身、悔いる気持ちは全くない。せっかく出場機会を与えてもらったのにシリーズでは何も貢献できず、申し訳ない気持ちはもちろんある。でも、精一杯やった。やり残したことは何もない。ベンチから戦況を見つめ、応援することが多くても、後輩たちと一緒に戦えたことが誇らしい。

思い起こせば、今回と同じく引き分けから始まった1986年の日本シリーズ。西武との第8戦に敗れた後、引退する山本浩二さんが旧広島市民球場で胴上げされた。当時の僕は、小学4年生で大のカープファン。学校の教室で担任の先生に「内緒だぞ」と口止めされ、テレビ中継をこっそり見せてもらった記憶がある。だから、その光景はおぼろげながら今も脳裏に残る。

憧れのミスター赤ヘル。実績がまるで違う大選手と、同じとは思わない。ただ、33年前のあの時と同じように、最後まで真剣勝負ができた。日本一を勝ち取りたい。その一心だった。引退を発表しても、ゲームセットを迎える瞬間まで全力で戦った。

日本一を決める勝負の場でユニフォームを脱ぐことができる。まさに選手冥利に尽きる最高のエンディング。こういう形で野球人生を締めくくれるとは思わなかった。ましてや昨シーズンの僕は、試合にすらそれほど出ていない。２０１６年、同じように真剣勝負の舞台で引退し、眩しく見えた黒田博樹さんの姿がだぶる。すべては頼もしくて可愛い、後輩たちのおかげだ。

別れはどんな時も寂しい。けれど、涙は出てこなかった。自分自身のことで感傷的にはならない。何度も言うが、それ以上に感謝の気持ちが強い。試合後のロッカーでは、「あとは頼むぞ」という激励と感謝の思いを込め、後輩一人ひとりと握手を交わした。

本当に素晴らしい20年間だった。

胸を張って言える。

完全燃焼できたと――。

あくまでもチームと後輩のために

「引退」を考え始めたのは６月中旬、交流戦が終わろうとしていた頃だ。よく聞かれるが、キッカケになった試合はない。

14年のオフ。カープの力になりたい、何でもいいからチームに貢献したいと思って戻って来た。結果が出なかったり、貢献できなくなったら、すぐにユニフォームを脱ぐ覚悟だった。以来、4年もやらせてもらった。

そうした中で、何が自分の背中を押したかと言えば、カープの将来だ。どうすることがチームにとってベストなのか。その頃から思考を巡らせるようになった。

「3年後、5年後を考えれば、そろそろ身を引いた方がいいだろう」

そう考えた。

自分はどのみちユニフォームを脱ぐ。だったら、早い方がいい。枠が一つ空けば、若い選手がそこに向かって競争するし、それがまたチームの底上げにもなる。引退の近いベテランが埋めるぐらいなら、有望な若手が選手枠を争う方がいい――。

それが結論だった。

当時、シーズン序盤に故障離脱した丸佳浩（現巨人）に代わって野間が台頭。3割を超えるアベレージを残し、スタメンに定着しようとしていた。直接の原因ではないけれど、引退を考えるキッカケにはなった。在籍選手の顔ぶれを見てチーム構成を考え、その思いを強くした。

あれは復帰3年目の2017年、6月頃だったか。チーム関係者に「明日から堂林(翔太)が二軍に行きます」と聞かされたことがある。若い頃の自分とだぶり、とても気になる可愛い後輩。堂林本人に求められ、前年のオフから気付くことがあればアドバイスを送っていた。そういう関係性だから、耳打ちされたのだと思う。

とても複雑な気持ちだった。

その時、僕は先のチーム関係者に、こう伝えた。

「僕でもいいですよ。別に気を遣わなくていいので。僕が成績を残していなかったり、誰かを上げたかったら、遠慮なく僕を二軍に落としてもらっていいですから」

本心だった。

若手や中堅選手は頑張っている。力を徐々につけていると感じていた。堂林しかり、下水流昂しかり。それでも一軍には定着できない。ファームとの入れ替えの時は、彼らが落ちることが多々あった。

僕自身、前年の16年に比べると、打席数がガクンと減り、規定打席をクリアできなかった。ただ、打率はそれほど落ちていない。最終的には・292。自分で言うのは何だが、まずまずの成績を残していた。

そうなると、やっぱり彼らなのだ。

「新井さん、明日から二軍へ行きます。また上がれるように頑張ります」

悲しそうな顔でそう言われ、マツダスタジアムのロッカーで荷物整理をする後輩の姿を見ていると、心が苦しくて仕方なかった。

「頑張って這《は》い上がれよ」

声を掛けるのも辛かった。

もしかしたら……。

僕は、その頃から自分の引き時を探し始めていたのかもしれない。


何でもいいからチームに貢献したい。貢献できなくなったら、すぐにユニフォームを脱ごうと思って戻って来た。おかげさまで結果は出た。復帰3年目を迎えた時には、しかし、二軍に落ちる選手の姿を見て、初めて心苦しいと感じる自分がいた。

結果が出ていなければ、恐らくそんな感情は沸かないし、引き時を探すまでもない。

最初に決めた通り、スパッと辞めるまでだ。

その時は思いもしなかったが、チームや後輩たちへの愛着が深まるにつれ、違う角度から無意識のうちに身の引き方を考え始めていたのかもしれない。

晩年の僕はありがたいことに、代打の切り札とか精神的な支柱と言われた。そうした立場からか、〝引退したらチームにどんな影響を与えるか、考えたことはなかったか？〟と聞かれたことがある。

はっきり言って、ない。

周りからどう見られていたのか、どう思われていたのか、自分ではわからない。ましてや存在価値なんて考えたこともない。極端に言えば、自分のことはどうでもいい。評価は、第三者が下すもの。自分で自分の評価はしない。切り札とか、支柱と言ってもらえるのは喜ばしいが、僕はそんな大それた存在じゃない。

あくまでカープの将来と、後輩たちのことを考えての判断だった。

体力的な衰えを自分で感じ取ったことはない。ユニフォームを脱ぐ理由に、速いストレートに目が付いていかなくなったとか、振り負けるようになったことを挙げる人がよくいる。僕の場合、40歳を超えて疲労が取れにくくはなっても、打席で衰えを感じたことは全くなかった。同様に、飛距離が落ちたと感じたこともない。

例えば今、現役に戻れと言われたら、少しばかり自信はある。もちろん、戻ることと、結果を残せるかどうかは別の話だ。

黒田博樹さんには常々こう言われていた。

「格好よく辞めようと思うなよ。新井は、そういうスタイルじゃない。ボロボロになるまでやれ。例え二軍に行くことになったとしても絶対に手を抜かず、泥まみれになるまで目一杯、練習する姿を若い選手に見せろ。それが彼らのためにもなるから」

納得していた。僕自身も、そういう辞め方が自分らしいと思っていた。

結果的には、しかし、黒田さんに言われたのとは違う形でユニフォームを脱ぐことになった。きれいに辞めたいとか、リーグ3連覇したから今年がいいとか、そんなことは全く考えなかった。繰り返しになるが、チームの将来を考えたら、このタイミングになったというだけだ。

球団と家族へ

常務取締役球団本部長の鈴木清明さんに申し出たのは8月上旬だった。その数日前に携帯電話を鳴らし、「ちょっとお話がありますので、時間を作ってください」と伝えていた。鈴木さんは「何や、何や」と怪訝そうだったが、うすうす感づいていたとは思う。「じゃあ、東京の宿舎で」となった。

マツダスタジアムで試合がある時ではなく東京遠征中を選んだのは、単に見つかりにくいからだ。本拠地球場だと、メディアの目があり、選手の目もある。いろんな人も出入りする。ましてやチームはシーズンを戦っている最中であり、影響を考えると周囲に知られたくなかった。

その当日、遠征先の宿舎の一室で、僕は単刀直入に切り出した。

「今シーズン限りで、ユニフォームを脱ごうと思っています」

鈴木さんは、けんもほろろだった。

「はぁ？　オマエ、何を言っとるんや。そんなもん、ダメよ。考え直せ」

予想通りの反応だ。

「考えは変わりません。自分で決めたことなので」

「オレは認めんぞ。考え直せ」

「いや、そう言われても無理です」

そんなやり取りが何回かあり、首をなかなか縦に振らない僕に業を煮やしたのか、鈴木さんはこう言った。

「だったら、オマエ、オーナーのところへ行って、自分の口で直接伝えろ」

物腰こそ柔らかいが、イラ立つ気持ちが伝わってくる。

「それはできません」

僕は即座に首を横に振った。

なぜなら、自分は一度、フリーエージェント（FA）宣言してカープを出て行った身。にもかかわらず、松田元（はじめ）オーナーは「帰って来い」と言ってくれた。深い恩義があり、直接「ダメじゃ。まだ早い。もう1年やれ」と言われたら、「はい」しかない。絶対に断ることはできない。

鈴木さんも、そんな僕の立場をわかってくれている。最後は、先ほどまでとは打って変わった懇願調で「8月いっぱいまで1カ月間じっくり考えて、頼むから考え直してくれ」と言われた。辞めるな、やってくれないと困る――。そんな思いをひしひしと感じた。

正直、そこまで強く慰留されるとは思っていなかった。一度は出て行った選手に、本当にありがたい。冥利に尽きる。

だからといって、気持ちは変わらない。

以来、顔を合わせると「どうや、考えは変わったか？」と聞かれ、そのたびに「いや、変わっていません」と答えた。

そして8月下旬の東京遠征。前回と同じ宿舎の一室で最終決断を伝えた。

「申し訳ありません。いろいろ考えましたが、気持ちは変わりませんでした」

その段になっても鈴木さんは「はぁ？　何でや？　考え直せ」と言う。

「いや、もう1カ月経ったので」

きっぱり言った。

もうそれ以上の慰留はなかった。

「わかった」

僕は、鈴木さんに頭を下げた。

黒田さんの耳に入れたのは、7月中旬だったろうか。後輩の石原慶幸を交えて食事をしている時に「今年で辞めようと思います」と報告した。

「ほんまか？」

最初は驚いたような表情を見せた黒田さんだったが、「いろいろ考えて決めたので」と伝えると、「そうか」と頷いてくれた。

石原とは距離が近く、昔から仲がいい。雰囲気はうすうす感じていたと思う。ただ、当日はショックを受けた表情で、僕と黒田さんの会話を黙って聞いていた。翌日、顔を合わせた時に初めて「昨夜の話は本当ですか？　まだ一緒にやりましょうよ」と言われた。

思い起こせば16年のシーズン終盤、何となくだが、黒田さんが今季限りで辞めるのではという予感があった。25年ぶりのリーグ優勝を決めた9月10日はまだ知らされていない。実際に聞いたのは下旬だったか。いつかその時が来るとはいえ、やはりショックだった。寂しさも感じた。自分も同じ経験をしているので、石原の気持ちはよくわかる。

8月下旬に引退を了承され、以降のスケジュールはすべて球団に一任した。鈴木さんにはこう伝えた。

「あとはお任せします。発表はシーズン中でもいいし、ポストシーズンまでの空いた期間でもいいし、全日程終了後でもいい。言われる通りにします」

松田オーナーには、鈴木さんの了承を得た後に、自分の口で報告した。

「まだ引き返せるぞ」

温かい言葉が身に染みた。

ただ、感謝しかない。

家族に伝えたのも同時期だ。気持ちは早くから固まっていたが、余計な心配はかけたくない。直前まで黙っておこうと思った。

「今年で辞めると決めたから」

そう切り出すと、妻は一瞬だけ驚いた表情を見せた。ただ、僕が一度こうと決めた大事なことは、何を言っても変わらないと彼女は知っている。静かに話を聞くだけだった。

その反面、子供たちは寂しそうな表情を隠さなかった。

「エッ、何で？　何で？」

彼らなりの言葉で、僕への疑問をぶつけてきた。正直、辛かった。ただ、辞める理由となったチーム状況をイチから説明しても、子どもたちにはわからないだろう。

「オマエたちに細かな話をしても、まだわからないと思う。ただ、一つだけ辞めようと思った理由を挙げると、カープのこれからを考えたからなんだよ」

そんなふうに話をした。

今はまだ納得できないと思う。でも、僕がなぜ引退を決断したか、どういう心境だったのかは後生にも残る。昔の記事がインターネットで検索できる時代。子供たちが大きくなった時に、僕の考えやチーム事情を知ってくれればいいかなと思う。

父も、もう少しプレーを続けてほしそうな感じだった。言葉に出しては言わなかったけれど。一方で母は「あなたがいいのなら、それでいいんじゃないの。あなたが決めた人生なんだから」と言ってくれた。

引退会見

引退表明会見は9月5日に設定された。開始は正午。当日はナイターで阪神戦が組まれており、練習時間を考慮したものだ。

鈴木さんに最終結論を伝え、了承を得てから約1週間。明鏡止水の心境だった。心の準備も何も必要ない。会見では感じたこと、思ったことを、ありのままに伝えるだけ。質問に対し、正直に答えるだけだ。事前にあれを言おう、これを言おうなんて考えなかった。いや、考えたことすらない。

両親の教えだった。

小学生の時、僕は学級委員をやった。人前で話をする機会も少なくない。その時、両親からは「飾ったり、格好いいことを言おうと思わず、正直に自分の気持ち、考えを言葉にしなさい。そうしないと、相手には伝わらないよ」と教わった。以来、ずっと心がけてきた。

よく、正直者がバカを見るという。

悪知恵の働く者がずる賢く立ち回って得をするのに反し、正直者はかえって損をする、ひどい目に遭うという意味だ。

僕は逆で、正直者は最後は勝つと思っている。

正直に伝えることで、一時的にはマイナスになることがあるかもしれない。でも、最後には正直者が勝つ。そういう信念がある。

人間、一度ウソをつくと、どんどん上塗りしていかないといけなくなる。ウソで塗り固めると、いつか整合性も取れなくなる。そうこうするうちに相手に疑念を抱かせ、信頼関係は崩壊してしまう。

大切なのは、過去にどう行動し、どんな道を歩み、どう発言してきたか。歩んで来た足跡は消しゴムで消せるものじゃない。だから、いついかなる時も正直であるべきなのだ。正直に話していれば、振り返った時に整合性が取れる。ウソで塗り固めたら、整合性は取れない。

そして9月5日。会見場となったマツダスタジアムの大会議室には無数のテレビカメラが設置され、数え切れないほどの報道陣が詰めかけていた。

入室前、横に付いていた球団の河内貴哉広報がおもむろにバスタオルを差し出し、ニヤリと笑ってこう言った。

「新井さん、絶対に号泣しますから、これを横に置いておいてくださいね」

思わず吹き出した。

「アホか。誰が泣くか！」

僕がカープに入団した1年後、1999年のドラフトで1位指名された5歳年下の左腕投手。ユーモア精神にあふれ、現役時代から気心が知れた仲だ。僕の涙のＦＡ会見も知っており、緊張をほぐそうとしてくれたのだと思う。15年に現役を退いて以降は、敏腕広報として頑張っている。

会見では、ありのままの自分を出し、質問にはすべて正直に答えた。

涙は出なかった。

前日９月４日の時点で２位のヤクルトに14ゲームの大差をつけ、チームはリーグ３連覇に向かって進んでいた。その後にはクライマックスシリーズが控えており、勝ち抜けば日本シリーズもある。戦いの真っ最中。感傷的になるような状況ではない。

ただ、会見後に周囲からは「表情が晴れやかだった」と言われた。全く意識していないし、自分ではわからない。もしかしたら今までがすごく苦しい20年間だったので、寂しい気持ちよりも解放感の方が少しだけ、無意識のうちに上回ったのかもしれない。

同様に、チームメイトや裏方さん、メディアの人から「夏場あたりから表情が和らいで見えた」とも言われた。キク（菊池涼介）には「いつもと雰囲気が違うと感じてはいました。でも、まさか本当に引退発表するとは思っていなかった」と。感づかれるわけには絶対にいかない。僕自身は努めて自然体を装っていたつもりだが、距離の近い人には微妙な変化が見て取れたのかもしれない。

余談だが、引退発表したその日からチームは6連敗。常々、自分のことで動揺を与えてはいけないと思っていたので、正直焦った。頼むから1つ勝ってくれと、あの時ほど強く願ったことはなかった。

発表後は、身に余る労いの言葉を数多くの方から頂いた。本当にありがたかった。


中でも金本知憲さんのそれが嬉しかった。

本当に弟みたいな存在。広島に戻り、心の中ではよく頑張っているなと思っていた。彼の明るいキャラクターや全力でプレーする姿勢が、今のカープを強くした——。

大要はそんな感じだ。

今までは僕をイジり、イジッて、冗談めいたコメントばかりがメディアに載っていた。それがあの発言。恐らく正直な気持ちだと思う。労いの言葉など掛けられたことがなかったので、とても嬉しかった。

裏話を明かすと、山本浩二さん、大下剛史さん、野村謙二郎さん、金本さんには「明日発表します」と事前に伝えていた。

2018年9月5日に今季限りでの引退を表明した。悲壮感はなく穏やかな空気が流れた

会見が設定された9月5日は、タイガース3連戦の2戦目。監督の任にあった金本さんはナイターが控えているので昼間も忙しい。引退を報告した際「多分、コメントを求められると思うので、忙しい中すみませんが、よろしくお願いします」と頭を下げた。

その上でこう付け加えた。

「ただ、言い方にはくれぐれも気を付けてくださいね。いつもみたいな乗りでやらず、正直に、ちゃんと言ってくださいよ」

すると、金本さんは即座に言い返した。

「わかっとるわ！」

こんなやり取りを普通にする師弟関係も珍しい。シャイな金本さんらしい反応。思わず笑ってしまった。

「が」と「は」のニュアンスの違い

嬉しかったと言えば、黒田さんが広島の地元紙に掲載した全面広告もそうだ。

全2ページで、表面は「四番新井に快音遠く」など、僕の不振に喘ぐ場面やミスした記事のオンパレード。ただ、裏面はガッツポーズを取るイラストとともに「結局、新井は凄かった」というメッセージが真っ赤な背景の中に踊っていた。

掲載当日は広島を離れており、そういう広告が掲載されたこと自体、知らなかった。携帯電話の電源を入れると、友達やいろんな人からメールや着信が入っている。中身を知って、ビックリした。

さすがにやることが違う。ジョークを交えて人を喜ばせ、笑わせるのが大好きな関西人の黒田さんらしい。実はサービス精神が旺盛でもある。格好いいと思った。

掲載当日、この広告へのコメントをメディアから求められた。実はその時に、残念な行き違いが生じていた。僕はこう答えた。

「何も聞いていなかったのでビックリしました。感動したし、すごく嬉しかったです」

問題はこの後だ。

「でも結局、黒田さんは格好よかった」

そう伝えたのに、翌朝の紙面では「黒田さんが格好よかった」になっていた。

がっかりだった。

代表取材の人には、電話口で「間違わないでくださいよ。〝黒田さんが〟ではなく〝黒田さんは〟ですよ」と念押ししたのに……。

「が」と「は」では若干ニュアンスが変わり、「が」で示した場合は主語を特定して、黒田さんを強調するような解釈になる。

すると、どうなるか。

サプライズでやってくれた行為そのものがクローズアップされ、結局は黒田さんが僕を使って好感度を上げているじゃないか、と受け取られかねない。黒田さんはもちろん、広告や新聞記事を読んだ人たちにも、そう思われるのは嫌だった。

僕を労うための、せっかくの厚意。それを曲解されては申し訳ない。だから「黒田さんは格好よかった」と念押ししたのだ。

プロ野球選手には公人の側面がある。周りへの影響力は大きく、実績を積み重ねれば重ねるほど、発言には気を付けなければならない。言い方や表現の仕方一つでニュアンスが変わるので、責任を持たなければならない。

僕はそう思う。

発言に力がある人は、言葉に心が乗っかっている。だから、重みが違うのだ。同じワードを口にしたとしても、誰の発言かで重みは変わる。その重みは何かと言えば心だ。言葉に気持ちがこもっていれば、受け取り手は重みとインパクトを感じる。気持ちを込めず、うわべだけで言葉を伝えても響かない。

だから、こだわりたい。「は」と「が」の違いなんて些細なことかもしれないが、自分の発言には責任がある。黒田さんへの感謝の気持ちを込めた言葉だからこそ、わずかな違いが残念だったのだ。

振り返れば、出会いに恵まれた野球人生だった。引退に際しても、このように望外の言葉を数多く頂いた。あらためて、すべての素晴らしい出会いに感謝したい。

春季キャンプ開始早々に故障離脱し、オープン戦でも打っていないのに、開幕一軍入りした1年目。大下剛史ヘッドコーチに厳しく指導され、使ってもらったから今がある。

42年間「おかげさま」の人生

歴代の監督にも感謝しかない。

中でも山本浩二さんには苦労や迷惑をかけた。四番に抜てきされ、重圧に負けた2003年。四番を外れる日に「どうや、新井、苦しいか」と声を掛けられ、情けなさで涙を流した苦い経験もバネになった。

金本さんには入団直後から可愛がってもらい、打撃面はもちろん、練習態度やウエートトレーニングの重要性、試合に出続けることの価値など、いろんなことで入団当時から影響を受けた。

そして黒田さん。僕にないものを持っている。プロとしての強烈なプライド、自分への厳しい理想像がそれだ。チームの勝利を最優先し、自己犠牲をいとわない野球観は昔から一致する。ただ、考えていることは同じでも、あそこまでの厳しさは僕にはない。ぶれない強さもある。実績を積んだメジャーから帰って来ても、全く変わっていなかった。考えをしっかり持ち、どこへ行こうが流されない。だから格好いい。黒田さんと出会えたことは、とても大きかった。

運とタイミングにも恵まれた。カープ以外のチームに入っていたら、恐らく3年ぐらいでクビになっていただろう。

野球の神様はいると信じてやってきた。

中学でも高校でも大学でも、僕よりうまい選手はたくさんいた。プロには多くの場合、その街やチームで一番だった選手が入るもの。僕は一番どころか下手くそだった。だから、一生懸命やるしかなかった。自分が自分のことを一番よくわかっている。下手なら下手なりに、何事にも手を抜かず、全力で取り組む。その姿勢を忘れたら、僕ではなくなる。そう思っていた。

どんなに年齢や実績を積み重ねても、格好をつける必要はない。打ったら、全力疾走する。最後まで一生懸命やる。特別なことでも何でもない。普通のことだ。

プロである以上、結果は大事だ。結果や数字で選手の評価は決まる。

同時に、結果がすべてではないとも、僕は思う。一流の結果を残していても、人間的に尊敬できない人は少なくない。プロ野球界に限らず、どの世界にも言えることだと思う。残した数字に関係なく、周りから信頼されている人はたくさんいる。例え結果が悪かったとしても、その人の人間性や人格を否定することはない。結果だけで人を判断することは絶対にない。

常に自分の心の中を磨くことを心掛けてきた。だから、20年間の現役生活を振り返って誇れるものがあるとしたら、数字や記録ではない。どんな時も一生懸命にやる。若い時も年を取っても、常に自戒し、自分の原点だけは忘れなかった。

僕は思う。

ここまでの人生は、自分独りの力で切り開いたものでは決してない。周りの人に生かされ、常に支えられてきたからこそ一歩一歩前進でき、20年もの長い間、プロ野球界でプレーを続けることができたのだ、と。

第2章　少年期

新井家の家訓

子供の頃を振り返りたい。

今も右手には、お灸の痕が2つ残っているのがわかる。小さい頃、何かいたずらをすると両親から本当の意味でお灸をすえられたからだ。もぐさを積まれて火を付けられた。2歳下の妹、7歳下の弟はそんなことはなかった。なぜ自分だけという思いが幼心にあった。実際、後になって母に聞いたことがあった。「どうして」と。

「長男だから厳しくしつけをしないといけないというプレッシャーがあった」

母によると物心付くか付かないかの頃は〝ガキ大将〟のような子供だったらしい。あまり覚えていないが、いたずらもよくしていたそうだ。だから、余計に厳しくなったのだろう。

父は母以上に怖い存在だった。「怒らせたら終わり」と思っていた。今振り返っても、反抗期らしきものは思い当たらない。クソーと思うことがあっても、言葉や態度に出したことがない。逆らったら〝まずいことになる〟という恐怖感がずっとあった。今も心のどこかでは残っているような気がする。

両親から強く言われた教えがある。

「弱い者いじめをするな」

「嘘をつくな」

「人さまに迷惑をかけるな」

「友達を大事にしなさい」

どれも口が酸っぱくなるほど言われた。

母が幼稚園の先生から聞いたところによると、クラスが違っても、男の子でも女の子でも、いじめらしきものがあれば、「あらいく〜ん」と僕のところへ駆け込んでくることがよくあったらしい。いじめっ子を追い払う役割だったからだ。

小さい頃から体が大きく、身長順に並べばたいてい一番後ろ。自然と目立つようになり、その頃から正義の味方のような存在になっていったらしい。

よく覚えているのは小学校の頃だ。同じクラスに障害を抱えている男の子がいた。教室の席はいつも隣だった。担任の先生から〝お世話係〟に指名され、常に近くで寄り添うようになった。もしも他の生徒が彼をからかうようなことがあれば、たとえ別の教室でも「やめろ」と怒鳴り込み、注意していた。3年生の途中に転校することになってクラスでお別れ会を開いてくれた。彼は泣きながら「行かないで～」と抱きついてくれた。

彼は今、障害者を支援する施設で働いている。プロ野球選手になった後、当時の担任の先生を介して再会する機会を持つことができた。もちろん、覚えてくれていたし、プロ野球選手になったことを、すごく喜んでくれた。カープを離れてタイガースへ移った時も「ずっと応援しているから」と言ってくれた。本当にうれしい。

負けず嫌いなところもあった。相手に対してではなく、自分に対して負けるのが嫌だった。弱い自分、下手くそな自分に負けたくなかった。

3年生の夏に小学校のプールで遠泳の競争があった。疲れて足がつくまで泳ぎ続けて、距離を競うものだ。水泳教室に通っている同級生が圧倒的なトップで、2～3キロは泳いだ。全然敵わないのはわかっていても、半分溺れながら必死に泳いだ。確か700メートルくらいで2位になった。泳ぎ方は犬かきのようで、不格好だった。なのに、クラスのみんなはすごく応援してくれた。余計に負けたくないと思って必死になったことを思い出す。

本格的にソフトボールを始めたのも、この頃だった。物心がつく頃からバットとボールで遊んでいた。何しろ引っ越しするまで自宅は当時の広島市民球場から橋を2つ渡った場所にあった。仕事で多忙な合間を縫うように父が球場へ連れて行ってくれた。衣笠祥雄さん、高橋慶彦さん……。すごい選手がそろっていた当時の広島で、やはり山本浩二さんが別格の存在だった。自然と自分もプロ野球選手になってカープに入るんだ、と考えるようになった。

父の果たせなかった夢

実家には父が草野球の大会でもらったトロフィーや賞状がたくさんあった。実際に野球がうまく、高校進学のときには特待生で強豪校に誘われたそうだ。でも、当時、父の家庭は生活が大変だった。父は5人兄弟の次男。家計を助けるために1年で高校を辞めて自動車整備の仕事を始めたという。

おそらくプロ野球選手になりたいと思っていたはずだ。その夢が家庭の事情で叶わなかった。だから、野球をやる息子に自分を投影するところもあったと思う。叶わなかった夢を託された、と思った。

ただ、父から「プロ野球選手になれ」と直接言われたことはなかったし、実際にプロ入りが叶った時もめちゃくちゃ喜んでくれた記憶もない。

振り返れば、初めて優勝した16年も、引退を報告した昨年も、父からは「よくやった」とも「お疲れさま」の言葉もなかった。褒められたことがない。昔の頑固親父の気質だろうか。普段から感情を表に出す人ではない。職人肌で弁当を持ったまま、何日も家に帰らずに仕事をするような父だった。

もちろん、殴られたこともある。それも何度も、だ。逃げ回ることもあった。そんな時は必ず後で呼ばれて「自分の子供を好きで殴る親がどこにいる」と言われた。父なりにフォローしてくれたんだと思う。その言葉を泣きながら聞いていた。愛情を感じたし、理不尽だと思ったことは一度もない。むしろ怒られるようなことをした自分が悪い、と感じていた。

お天道様は見ている

結婚し、家庭を持ち、今は自分が父親の立場になった。父と同じようにできている自信はない。ただ、2人の息子に対して、やってはいけない事だけは伝えてきたつもりだ。息子たちもわかってくれていると思う。普段は優しくても、「これはいけない」と感じた時に声のトーンを少し変えれば、息子たちには伝わる。「これ以上、怒らせてはいけない」と感じてくれているようだ。2人の息子にとっては〝怒らせてはいけない存在〟だろうし、少しは〝怖い父親〟になれていると思う。

昔はよく「お天道さまが見ている」と言われたものだ。例え、周りに誰もいなくても「お天道さま」に恥じない振る舞いをしない、と。

「克己復礼」という言葉もある。私情や私欲に打ち勝って、社会の規範や礼儀を大切にするという教えだ。もちろん、子供の頃はそんな言葉は知らなかった。両親から叩き込まれたのは、同じような心構えだと思う。厳しく育ててくれたことに感謝したい。基本的なことは、自分が言われて嫌なことは他人に言ってはいけない。自分がやられて嫌なことは他人にやってはいけない。みんな、小さい頃に親や学校の先生たちから教わっているはずだ。対人関係でコミュニケーションに悩むことがあれば、そこに立ち返ってみてはどうか。簡単なことだけど、一番大事なことだ。年齢を重ねていくうちに忘れがちになるが、子供の頃に教わったことは大切なことばかりだ。

第3章　広島工業高校時代

最強〝広商〟ではなく広島工へ

父は仕事で忙しく、子供の頃からキャッチボールをしてくれたのは母の方だった。母も運動ができたからだ。中学までソフトボールをやり、高校ではバスケットボール部でインターハイにも出た。一緒にキャッチボールをしても、うまかった。

中学に進んでからは部活動として野球部に入った。リトルリーグやボーイズリーグの硬式ではなく、普通の部活動の軟式野球だ。その中でも決してうまいわけではない。どちらかといえば、下手くそな方だった。エースでもなければ、四番でもない。ただ、体が大きく、そこそこ肩も強い方だったので捕手を任された。高校へ進む時も当然、強豪校からスカウトされるような選手ではなかった。

当時の広島県の高校野球は広島商が強かった。伝統校でもあり、憧れがあった。だから、周りには「高校は広商へ行く」と言っていた。実際に願書も出そうと思っていた。そんな時に同じ中学校から広島工へ進んだ先輩から誘われた。

「県工（広島工）へ行って広商を倒すのが格好いい。硬派なやつは県工へ行くもんだ」

単純な性格だから「なるほど」と思った。「確かに。それが硬派で格好いい男かもしれない」。両親にも「県工へ行く」と言ったら、「はあ？　広商へ行くんじゃなかったのか」とあきれられた。本当に単純だった。

もちろん、広島工も広島商や広陵に劣らない伝統校だ。先輩にはヤクルトで活躍された高津臣吾さんがいる。練習も厳しかった。何かあったら「とりあえず走れ」という感じで、3時間も4時間も走らされた。一緒に入部した100人くらいの同期部員が最後は20人を切るまで減った。

いつだったか。父が監督にこんなことを言っていた。

「息子のことはすべてお預けします。死なせる以外は、煮るなり焼くなり好きにしていただいて構いません」

隣で聞いていて「とんでもないことを言っているなあ……」と思ったものだ。

寮生活ではなく家から通った。学校からは遠かったから毎朝5時起きだった。バスの始発を待っていては朝の練習に間に合わない。駅までは母が車で送ってくれて、駅からは片道30～40分をかけて自転車で走った。

練習後も自転車で同じ距離を戻り、駅で待つ父と近くの銭湯に寄ってから帰宅するのが日課だった。家に着くのは夜11時くらい。毎日が大変だった。それ以上に朝早くから起きて弁当を作る母、仕事終わりで迎えに来てくれる父は大変だったと思う。だから、辞めようと思ったことはなかった。

最上級生が抜けた2年秋、監督からキャプテンに指名された。実は嫌だった。歴代のキャプテンを見てきたからだ。

今とは時代が違う。時代の違いだけで片付けてはいけないのかもしれないが、今では通用しない指導が当時は実際にあった。広島工に限ったことではないと思う。何かあると「キャプテンが悪い」と言われて殴られた。そんな姿を見ていたから、「絶対にキャプテンだけにはなりたくない」と思っていた。

実は中学の野球部でも、キャプテンだった。夏休みに家族でディズニーランドへ旅行することになった。当然、一緒に行くものと思っていたら、父から言われた。「オマエはキャプテンなんだから練習を休むな」。本当に一人だけ家に残された。キャプテンは損な役回りだと思ったものだ。

予想していた通り前々、前キャプテンと同様、やはり何かあれば「キャプテンが悪い」となった。他の選手がミスをしても、「キャプテンだから」となる。必死に「キャプテンはこういうものだ」と言い聞かせて耐えた。任されたのだから、最後までやり抜きたかった。

母は血の付いたユニフォームを泣きながら手洗いしてくれた。さすがにたまりかね、抗議すると言い出した。そんな母を制したのも父だったと後になってから聞いた。「一度すべて預ける、と言ったのだから何も言いに行くな」と。両親も一緒に耐えてくれたのだろう。

暴力は肯定されるものではないし、今同じやり方をすれば、絶対に問題になる。それを踏まえたうえで、理不尽なことを耐える力はついたことも事実だった。実際に学校を離れて、社会に出れば、世の中には理不尽なことが多い。若い人の中には会社に入っても、すぐに辞めてしまう人がいる。成人して社会へ出るまでに理不尽なことに耐える訓練が足りていないのでは……と感じることもある。もちろん、時代が違う。

教える側にとっても難しい時代になった。当時と同じ手法はとても通用しない。

辛くて、厳しい日々だから、それらを共有したチームメイトとは強い絆ができた。同じ苦しみを同じタイミングで経験すれば、より深くわかり合える。

特に三番を打っていた小玉真寛とは「いつか一緒にプロへ行こうな」と夢を語り合った仲だ。四番だけど、体が大きいだけだった僕より、よほど技術があった。実際に打っていた。左打者で、憧れは掛布雅之さん（元阪神）。打撃フォームも格好良かった。プロのスカウトも僕なんかよりも彼を観に来ていたくらいだ。

親友であり、ライバル。社会人へ進み、後にカープのプロテストも受けた。残念ながらプロになれなかったからこそ、自分を投影するところもあったのかもしれない。一番応援してくれたし、今でも一番の親友と言える。

高校最後の試合で広島市民初ホーマー

3年夏の広島大会を前に広島工の前評判は高くなかった。二岡智宏（元巨人ほか）、福原忍（元阪神）らがいた広陵が新チーム結成から無敗を誇り、「史上最強」と呼ばれていた。甲子園に出るには勝たないといけない相手だ。1、2回戦を接戦で勝ち上がり、3回戦で対戦した。

実は広陵とは一度も練習試合をしたことがなかった。強い、と言われても、実体験で知らなかったことが幸いした。やってみないとわからない。「当たって砕けろ」とみんなで言い合った。

広陵の先発投手はエースの福原ではなかった。温存だったのだろう。広陵は選手層が厚い。客観的に見れば、合理的な作戦かもしれないが、試合をする当事者としては「なめられた」と思って頭にきた。チームメイトと一緒になって燃え、一気に気持ちが高まったのがわかった。四番として初回に適時打を放って先行し、6対2で勝った。周囲の予想を覆す勝利に沸いた。跳び上がって喜んだ。

県内最強の広陵に勝ったのだから、「これで甲子園へ行ける」と思った。もちろん、そんなに甘くない。次の4回戦で西条農に敗退した。油断とは少し違う。やはり実力が足りなかった。逆に広陵戦はみんなの気持ちが高まり、実力以上のものが出た。プロになってから福原に「あの時はやられたなあ」と言われたことがある。この体験は、この先の人生で大きな支えになっていった。

この思い出深い3、4回戦は広島市民球場が会場だった。観客席からは何度も見たことがあっても、試合をするのは初めて。プロ野球選手が実際に使っているベンチやロッカー室に興奮したことを覚えている。西条農戦では左翼席へ本塁打を打った。高校野球人生で最後に打った本塁打が、広島市民球場で最初の本塁打になった。

第4章　駒澤大学時代

「怒る」と「叱る」は明確に違う

駒大へ進んだのは、高校の監督に勧められたからだ。本当はすぐにプロへ行きたかった。でも、指名がかかるような選手ではない。プロは、まだはるかに遠い夢の世界でしかなかった。あきらめたくなかったし、あきらめるつもりはなかった。そのためには社会人か大学で野球を続けるしかない。進路は監督に任せていた。

ある日、呼ばれて「駒大へ行け」と言われた。当時は大学野球の知識がほとんどなく、ピンと来なかった。少し調べると、大学野球では屈指の強豪。先輩には中畑清さん(元巨人)、石毛宏典さん(元西武ほか)、カープでも先輩になる野村謙二郎さんがいる。当時は大学と社会人が対戦してアマチュア王者を決める試合があって、その年に勝ったのが駒大だった。巨人へドラフト1位で入った河原純一さんがエースだった。そんな強いところで、やっていけるのか不安でしかなかった。

なぜ駒大だったのか。監督から直接理由は聞かされなかった。推測するなら、「もっと厳しい環境でやれ」ということだったのだろう。

駒大のセレクションに行くと圧倒された。全国の強豪校から、すごい選手が集まっていたからだ。例えば、夏の甲子園大会で優勝した佐賀商の主将、西原正勝。決勝戦の9回に決勝満塁本塁打を打った選手だ。後になってタイガースで一緒にプレーすることになる城島健司もいた。みんな足が速いし、肩も強い。「レギュラーになれるかどうか……」と不安を抱いた一方、なぜか「何とかなる」と妙に前向きな気持ちも芽生えた。

春になって入寮。1年生には1人ずつ2年生の〝教育係〟がついた。その教育係の先輩に最初の日に呼び止められた。何だろう……そう思っていると、「スリッパをすって歩くな」と注意された。他にも「歩き方を直せ。内股を締めるように」と。それで悟った。「とんでもないところに来たな」と。

当時の駒大野球部には上級生による「ミーティング」があった。2年生が1年生を、3年生が2年生以下を集める。年に数回だけあった4年生による「ミーティング」は大変だった。まず4年生からの話があり、4年生がいなくなれば、次は3年生の番だ。3年生が抜けると最後に2年生。終わるまで、ずっと正座だから、1年生の頃は早く時間が過ぎるように心の中で祈った。

「怒る」と「叱る」は明確に違う。「怒る」は自分主体の行動だ。自分の腹立たしさなど個人的な感情を相手にぶつけているだけだと思う。「叱る」は違う。相手のことを考え、愛情を持った行動だ。高校や大学では腹いせのために後輩に手を挙げる先輩も中にはいた。僕は絶対にやらなかった。

告白すれば、高校、大学を通じて下級生に手を挙げたのは一度ずつあった。どちらも後になって本人から「叱っていただいてよかったです。叱られて当然のことをしました」という言葉を聞いた。うれしかった。

つねられた痛みは、つねられた者にしかわからない。痛みを知れば知るほど、人に優しくなれる。同じような思いを後輩にさせたくなかった。プロになってからも後輩に対しては「怒る」のではなく、常に相手の気持ちになって「叱る」ことを心掛けたつもりだ。

野球人の基礎を作ってくれた出会い

何より駒大では人生最大の恩師・太田誠監督と出会うことができた。最高の幸運と言っていい。太田監督との出会いがなければ、今の自分は１００パーセントない。「新井貴浩」という野球人の基礎を作ってくれた。

プロ野球界にもたくさんの教え子を送り出した実績を持つ指導者だ。だからといって、「野球だけやっていればいい」という教え方ではなかった。野球選手である前に人間としてどうあるべきかを教わった。10のうち技術指導は１くらい。ほとんどが人間教育と言えるものだった。「常に感謝の気持ちを忘れるな」と言われ、「球の心は正直者」や「姿即心（すがた、そく、こころ）」の言葉は大切な教えとして胸に刻み込んだ。

例えば、守っていて打球がイレギュラーしたとする。決してグラウンドのせいにしてはいけない。

もしかしたら普段の生活が乱れていないか。自分に嘘をついていないか。心掛けが足りないか、と自分に問いかけないといけない。

「他責」ではなく「自責」。たとえ不運なことがあっても、他人のせいにするのではなく、自分を省みないといけない、と考えるようになった。

部員にとって太田監督は厳しく、近寄りがたい存在だった。でも、観察眼が鋭く、レギュラー以外の選手のこともよく見てくれた。当時はベンチ入りメンバーを試合ごとに決めていた。寮の掃除をしっかりするなど生活態度が良く、練習でも常に手を抜かず、元気を出してやっていた選手が、いきなりスタメンに抜擢されるということも度々あった。僕もそんな一人だった。太田監督は寮の傍に住んでいて野球の実力だけでなく、そういうところまで見てくれる人だった。

後になって言ってくれたことがある。「うまくはなかったけど、使ってみたいと思わせる何かがあったんだよなあ。オマエには」と。3年生までは試合に出たり、出なかったり。4年生になって、やっとレギュラーに近い立場になれた。

内野をやるようになったのも太田監督の指示があったからだ。3年生まではずっと外野。それも一番負担の少ない左翼を任されることがほとんどだった。

決してうまくはなかったが太田監督に「使ってみたい」と思わせるものを持っていた

3年秋が終わって4年生が抜けた頃、「内野をやりなさい」と言われて、一塁の練習を始めた。初めての経験だった。当然、ミスばかりした。4年春のリーグ戦が終わった後に「次は三塁をやってみろ」となった。高校時代を通じても内野を守った経験がほとんどなく、最初は戸惑いしかなかった。下手くそだけど、一生懸命やるしかない。試合で使ってくれるのかな……と思っていたら、本当に出してくれた。プロ志望ということをわかってくれていたから、選手としての可能性を広げてくれたのだろう。

もちろん、客観的に見て、たいした選手ではない。実績もない。なのに「プロ野球選手になる」、「カープに入る」と根拠のない思い込みがずっとあった。

進路を決める季節が近づき、他の4年生は1人ずつ監督室に呼ばれていった。なのに、いつまで経っても呼ばれない。最後まで順番が来ない。だから、自分から監督の部屋へ行った。

「どうしたいんだ?」

「プロに行きたいです」

「オマエ、行けるようなところじゃありませんよ。そんな甘いものじゃないですよ」

「でも、行きたいです」

「行けなかったら、どうする?」

「家を継ぎます」

そんなやりとりだったと思う。緊張して汗を流しながら話をしていたら、最後に「よし、わかった」となった。

ドラフト当日に落とされた雷

それから話が動き出したようだ。長男だったということもあって、親元へ帰さないといけないと考えてくれた。地元と言えば、カープだ。OBの大下剛史さんや野村謙二郎さんに連絡を取り、縁をつないでくれた。

実は大学2年の正月に帰省した際、太田監督から「謙二郎にバッティングを見てもらえ」と言われ、自宅を訪ねたことがあった。緊張してあいさつし、1時間くらいバットを振った。必死過ぎて何を言われたかも正直覚えていない。この時は純粋に打撃を見てもらっただけ。決して、この出来事がプロ入りにつながったわけではない。4年秋の太田監督との面談後にすべてが動き出し、それまで見向きもされなかったカープのスカウトも見に来てくれた。

カープが指名してくれそうだ、となっても正直なところ半信半疑だった。ドラフト会議の当日。マネジャーから「一応、寮で待っておけ」と言われ、待っていたら、6位で指名された。本当にうれしかった。でも、思い出すのは、太田監督にすごく怒られたことだ。

6位だし、会見場も何もない。夜になって広島のテレビ局が「取材させてくださ い」と寮に来た。勝手が分からず、言われるままに玄関前で取材に答えようとしていたら、ちょうど太田監督が通りがかった。

「何、やってるんだ。こんなところで。オマエみたいな6位の選手がテレビに出ている場合じゃないですよ」

晴れの日なのに叱られた。ドラフト当日の一番の思い出だ。連絡を入れた母は「おめでとう」と言ってくれたが、父は「ここからが勝負だぞ」と、やっぱり褒めてくれなかった。

99年ドラフト6位で広島に入団。
後列右から2番目

一つ上の学年だった高橋尚成（元巨人ほか）さんは社会人経由で翌年のプロ入りだから、駒大からは河原純一さんの世代以来のドラフト指名になった。他の大学では、ちょっとした話題になったらしい。4年秋に初めてリーグ戦で本塁打を打ち、通算2本塁打。みんなが「なんで新井が指名されたの？」と言っていた。それくらいの選手だった。

振り返れば振り返るほど高校、大学の計7年間は辛いことばかりを思い出す。でも、苦しんで良かったとも思う。だから、今の自分がある。若い頃の苦労は買ってでもしろ、というのは真実を突いている。

辛いこと、苦しいことに直面した時は先々のことを考えるのではなく、今できることと、今やらなければいけないことに集中した。

何事も計画立てて順番通りにやっていく人がいる。例えば、10年後を見据えて、1年後、3年後、5年後と中期的な目標を設定するやり方だ。確かに大事なことだ。でも、世の中はすべてがうまくいくわけではない。計画立てているほど、途中でつまずいてしまった時に立ち直るまでの時間がかかりすぎてしまう。「ここまで行きたかったのに行けなかった」と。

常に目の前のことに集中して、今の自分にできることに精いっぱい、誠意を持ってやることの方が時には道を拓くことがある。計画を持つことは大事だけど、頭でっかちだと、ミスした時にすぐに起き上がれない。

社会に出れば、理不尽なことが多い。すべてが思い通りに進む方が珍しい。いい意味で「その日暮らし」でやっている方がイレギュラーなことに対応しやすくなる。高校、大学で過ごした7年間。「プロ野球選手になりたい」という夢はあっても、「3年後は…」や「4年後…」という計画は持っていなかった。毎日の苦しい練習に必死で向き合い、足元だけを見つめて歯を食いしばった。結果的にプロへの道は拓けた。

特に野球は瞬間のスポーツだ。失敗しても自分をコントロールし、すぐに前を向いて次のプレーに向かわなければならない。悪い結果を振り返って反省して次に生かすことは必要でも、結果に振り回されてはいけない。ネガティブに振り返る時間を短くするためには、「その時」できることに集中することだ。自分の立てた計画に縛られず、目の前のことだけ懸命に取り組むことが近道になることもある。辛い練習の毎日だった高校、大学の7年間の経験が教えてくれた。

今年2月には駒大野球部の同期で集まる機会があった。個々で会うことはあっても、みんなで集まるのは10年ぶりだった。前回は卒業から10年、今回が20年目の同期会になった。こんなに盛り上がるのかと思うほど盛り上がり、朝になるまで思い出話をしたり近況を報告し合った。あまりに楽しく、「10年に1度」ではなく、今後は「5年に1度」の開催が決まった。苦しく厳しい時間を共有したからこそ築かれた関係だと思う。

第5章　広島カープ時代（99〜07年）

圧倒的なプロのレベルを痛感

僕のプロ生活は挫折から始まった。

入団1年目の1999年2月。当時のカープは初の試みとして沖縄、宮崎・日南、広島・大野の3カ所で一・二軍の混成キャンプを張った。僕らルーキーは沖縄組に入り、本隊とは離れて別メニューで調整した。そこで目を奪われたのは、主力選手のフリー打撃だ。スイングがケタ外れに速く、打球はボンボン飛んでいく。中でも、天性の飛距離を持つ金本知憲さん、江藤智さんはすごかった。打球音も全く違う。圧倒された。僕自身、130キロ台のボールがとてつもなく速く感じた。いや、何をするにしてもスピードが違う。ショックだった。

「無理だ。プロはレベルが違う。これはもう2〜3年でクビだろう……」

自分は、プロの世界に入ってはいけなかったんじゃないか。正直、そう思った。

「でも、自分に負けたくない。頑張ってうまくなりたい」

そう考える自分もいた。

焦りを感じる中でケガは起きた。

8日の練習中に左アキレス腱を痛め、10日には広島へ強制送還された。いや、厳密に言うと、痛みは自主トレ期間中からあった。

あれは1月の寒い日。父の知人に不幸があり、通夜への参列後、寺の外で待機している時に患部にジンジンする痛みを覚えた。その数日後にキャンプイン。痛いと言えず、我慢してメニューをこなしていたら、我慢の限界を超えてしまった感じだ。

「情けない…」

自分自身に腹が立った。

同時に「これはヤバいことになった」という恐怖心もこみ上げてきた。その対象は、当時のヘッドコーチで、駒澤大学の大先輩でもある大下剛史さんだ。鬼軍曹と呼ばれた人。それはもう怖かった。

プロのスピードに慣れたい、何とか彼我の差を埋めたい、離脱したくない――。痛みをこらえて練習したのは、そんな思いがあったからだ。それだけじゃない。子供っぽいようだが、大下さんに怒られる、殴られるという怖さもあった。

ただ、その年、沖縄キャンプは達川晃豊(光男)監督が率いており、大下さんは宮崎の日南キャンプ担当。顔を合わせる機会がなく、鉄拳をもらわずに済んだのは助かった。

一軍投手コーチの大野豊さんに呼ばれ、諭されたのは、安堵していた時だ。

「新井、オマエ、痛いらしいじゃないか」

「はい。でも、大丈夫です」

「大丈夫なんて言っている場合じゃない。もし大きなケガにつながったら、取り返しがつかないことになるぞ。だから、ここは我慢して広島へ帰れ」

「いや、でも、帰れないです……」

「でも、じゃない。先のことを考えて、ここはいったん帰れ」

大野さんとは、そんなやり取りをした。何度か首を横に振ったのは、自分だけが取り残されてしまう不安があったからだ。それでも最終的には「わかりました」と返事をした。大野さんの気遣いがありがたかった。

まさかの開幕一軍

日本三景の宮島の対岸に位置する、廿日市市（当時は佐伯郡大野町）の大野寮。二軍の若手選手らが生活し、練習に明け暮れる施設だ。沖縄から強制送還された僕は、そこで先が見えない不安を抱えながら、ひたすらリハビリに励んだ。

あれは、オープン戦たけなわの3月17日。球団のマネジャーから突然、電話がかかってきた。

「明日から一軍に合流するように」

予期せぬ切り出しに僕は驚いた。

「えっ？　リハビリしかやっていないし、何も練習していないですよ」

「それでもいい。大下さんが来いと言っているから、すぐに準備しろ」

翌18日。取るものも取り敢えず、僕は長崎でのダイエー（現ソフトバンク）戦に合流した。五番・指名打者だった町田公二郎さんの代走で途中出場。そのままDHに入ったものの、打席は回ってこなかった。

そこからオープン戦に帯同し、22日のオリックス戦で初めてスタメンで使われた。七番・サード。3打数無安打だった。

終盤に差し掛かった26日の阪神戦では2本の安打をマークしたが、トータルでは散々な成績に終わった。8試合に出場し、18打数3安打の打率・167。ホームランはおろか、打点も挙げていない。

それでも開幕を一軍で迎えた。喜べなかった。大げさに言えば、冷ややかな周囲の視線が痛かった。

「何でアイツが一軍なんや」

そんな声が聞こえるような気がした。

それはそうだ。当時の僕は技術もなく、ただ体が大きいだけ。キャンプですぐに離脱したにもかかわらず一軍に呼ばれ、オープン戦でも結果を残していない。二軍降格が当然なのに、あろうことか開幕一軍に入った。

大学の先輩の大下さんがヘッドコーチでなければ、あり得なかった抜てき。チーム全員が、それをわかっている。

居づらかった。針のむしろの上に座らされているような感覚。「新井はひいきされている」と思われるのが苦痛だった。

大下さん自身も「ひいきしている」と思われたくなかったのだろう。チャンスを何度も与えてくれた代わりに、僕にはことのほか厳しく当たった。鉄拳は当たり前。ただ、その厳しさは、僕が周囲から白い目で見られないように、という親心からだったようだ。後日「敢えてそうしたんよ。周りを納得させるために」と人づてに聞いた。当時はわからなかったけれど、今となれば理解できる。

デビュー戦は１９９９年４月３日、中日との開幕２戦目だった。２点を追う５回表に投手の代打に指名され、その年にＭＶＰを獲得する左腕の野口茂樹さんと対戦。センターフライに終わった。

オープン戦で打てない選手が、公式戦でいきなり打てないのは自明の理だ。以来、５試合で６打席に立ったが、快音はいっこうに響かない。周囲の目は一段と冷ややかさを増し、僕自身も「一軍にいてはいけないんじゃないか。いっそのこと、二軍に行きたい。直訴してみようか……」と思い始めていた。

そんな時だった。野村謙二郎さんに呼ばれたのは。開口一番、こう言われた。

「オマエ、まさか二軍に行きたいなんて思っていないだろうな？」

まるで僕の胸の内を見透かしているような言葉。面食らいながらも正直に打ち明けた。

「実は思っています……」

当然、烈火のごとく怒られた。

「余計なことは考えるな。そんなことを考える暇があったら、もっとがむしゃらに練習しろ。堂々と胸を張ってやれ！」

「すみません……」

そう返事をしたものの、「そんなことを言われても……」という感覚だった。ただ、野村さんが気に掛けてくれているのは嬉しかったし、叱責されたことで「冷ややかな視線から早く解放されたい。もっと練習して、自分で結果を出すしかない」という前向きな気持ちになったのは事実だ。

恩師の故郷で放った初アーチ

プロ初安打は5月12日、地元広島市民球場での巨人戦だった。6対3の3点リードで迎えた7回裏、1点を追加し迎えた二死一塁で代打に指名され、右腕のホセから右前打を放ってチャンスを拡大した。嬉しかった。

当初は雰囲気に飲み込まれ、緊張してプロのスピードに圧倒されていたものが、その頃には何とか対応できるようになっていた。

野村さんには試合後、プロで一歩を踏み出した祝いに食事に連れて行ってもらった。

「おめでとう。どうだった？」

「すごく球が速かったです」

即座にたしなめられた。

「オマエ、そんな寂しいことを言うな。もっと速い投手はたくさんいるぞ」

ハッとした。たとえ速く感じたとしても、プロなら言葉や態度には絶対に出すな。もっと自分に自信を持て――。野村さんは、そう言いたかったのだと思う。以来、打席では表情に出さず、どんな時でも自信満々に振る舞うように心掛けた。意識が変わった。


待望の初アーチは6月6日だった。浜松での中日戦。ヒザを痛めて欠場した江藤さんに代わり、僕は七番・ファーストでプロ初のスタメン出場を果たした。

相手の先発投手は、初打席で対戦した左腕の野口さん。場面は、1点を返して2対3となった4回表だ。なおも無死一、三塁の絶好のチャンスで打席が回ってきた。

ただでさえ緊張するプロ初スタメン。大下さんからは常々、「ストライクは全部振れ。見逃したら許さんぞ！」と言われていた。その打席、ガチガチだった僕はファーストストライクの甘い球にバットが出なかった。

痛恨の見逃し。「ヤバい……」と思う間もなく、怒声が飛んだ。「バカたれ。何をやっとるんや！」

地方球場はベンチと打席が近い。大下さんの怒鳴り声がやけに大きく聞こえた。

相手投手ではなく、まさにベンチと野球をしている感覚。動揺した僕は、あろうことか次のクソボールを空振りしてしまう。

「このくそバカが！」

再び怒声が響き渡る。

「次、もし見逃したら殺される……」

精神的に追い込まれ、半ば目をつむって次の投球にバットを出した瞬間、手のひらには今までにない手応えを感じた。

敵地の左中間に飛び込む逆転スリーラン。無我夢中で必死に打ったプロ1号だった。

ダイヤモンドを1周してベンチに帰ると、大下さんはニコリともしない。喜んでいると思うのだが、逆にめちゃくちゃ怒られた。照れ隠しなのか、ほめると僕のためにならないと思ったのか、ウソのような本当の話だ。

話には続きがある。

次の打席では、2番手の川上憲伸さんのストライク2球を見逃してしまい、また怒鳴られた。試合後のメディアの取材には「初ホームランは嬉しいけど、次の打席で右投手のストライクを2球見逃したのがダメです」と答えた。本音だった。

反省が多く、ちょっぴりホロ苦いプロ初スタメン。それでも、このプロ1号は思い出深い。なぜなら——。

駒大の太田監督の出身地・浜松で打てたからだ。4年間、グラウンド内外でたくさんのことを教わった恩師。野球選手としてだけでなく、人として、男として、立派にならないといけない、と常に言われた。太田監督の指導のおかげで今がある。

電話で報告すると「知っているよ。よかったなぁ。これからも頑張れよ」と喜んでくれた。嬉しかった。同時に、少しだけプロでやっていく自信がついた。

“ポスト江藤”の試練

1年目は53試合に出場。打率は・221だったが、一軍に居続けたことで数多くの収穫があった。一軍の1打席と、二軍の10打席なら、一軍の方が勉強になり、自分自

半ば目をつむって打ったプロ初本塁打。
駒大時代の恩師・太田監督の故郷浜松でのアーチだった

身の血や肉になる。当時はそこまで思いが及ばなかったけれど、大下さんは当然、そういうことも考えていたと思う。「コイツを一軍で使い、何とか経験を積ませてやりたい」。そんなふうに考えてくれていたと思う。

打率こそ低かったが、7本のホームランを打ったことで、僕はメディアから「将来の四番候補」と書かれるようになった。1年目のオフ、江藤さんがジャイアンツへFA移籍したからだ。カープの四番を長く務めた長距離砲。その後任候補に名前が挙がり、「ポスト江藤」とも言われた。

サードで猛練習した。それも言われるがままだった。

いつだったか、大下さんから、グラブの網の部分、いわゆるウェブを取り除くように命じられた。意図はわからなかったが、言われたら従うしかない。以来、網のないグラブを持ってノックを受けた。当然、打球なんて捕れるはずがない。開幕後も練習を続けていた。

そんな時だ。遠征でやって来たヤクルトの宮本慎也さんに声を掛けられたのは。

「オマエ、そんなグラブで何してんの？」

「いや……、グラブのウェブを外せと、コーチに言われまして」

「ハァ？　なら、オマエ、グラブのどこで打球を捕るんや？」

答えに窮した僕は、手のひらを指さしながら「ここら辺で……」

「そこはポケットと違うで。その練習は、全く理にかなっていないし、やる意味もない。何をやってんだ、オマエは」

宮本さんは、僕をルーキーの時から見てくれていたのだと思う。当時のことは今でも覚えており、この話をよくする。

「新井は若い頃、変な練習をしていたよなぁ。素手でゴロを捕ったりさぁ。ケガしたらどうするんや？」

僕も一緒に笑うしかない。


思い起こせば、入団からの数年間は朝から晩まで練習した。いや、やらされた。

一・二軍の試合が本拠地である時は、早朝の6時に起床し、山口県岩国市（当時は玖珂郡由宇町）にある由宇球場へ直行した。5〜6回まで二軍の試合に出場し、そこから広島市民球場に戻って一軍のナイターにも出る生活。寮に帰ると22時、23時はザラだった。

それに当時は自分でハンドルを握って通っていた。由宇まで片道約60㌔。自分の車に同期入団の東出輝裕を途中で乗せ、結構な距離を運転するとそれだけで疲れる。

しかも、市民球場に帰り着くと、鬼の練習が待っているのだ。カープの練習が終わり、ビジターチームの練習が始まっても、グラウンドの片隅でゴロ捕球を課される毎日。終わったと思えば、食事を摂る間もなく試合前のシートノックが始まる。


真夏の猛暑日は、地獄だった。昼間は灼熱のグラウンドで汗を流し、夜は睡魔と戦いながらまたスタメン出場。ぶっ倒れると感じたことは、一度や二度じゃない。でも、歯を食いしばって立ち向かっていった。自分で言うのは生意気だが、怒鳴られても殴られても、過酷な練習を課されても、最後まで必死にやり通した。

他球団の選手たちは、僕のそういう姿を見ているわけだ。「かわいそうに」と思ったかどうかはともかく、宮本さんも「アイツ、何をやっているんだろう」から入り、僕という選手を認識してくれたのだと思う。「新井、頑張れ」とよく声を掛けてもらった。

お客さんにもたくさん笑われた。一番恥ずかしかったのは正座だ。

市民球場で親子ゲームがあると、一軍のスタッフがウエスタン・リーグの試合を観戦に来る。ある時、僕は2本か3本のヒットを打ち、一人悦に入っていた。

「よっしゃ、今日は打ったから、絶対に何にも言われんやろ」

そう思ったのも束の間、マネジャーがやって来て、突然こう言う。

「新井、オマエ、ホームベースのところで正座しろ、と大下さんが言うとるぞ」

訳がわからなかった。

「何でですか？」

「ストライクを見逃したからよ」

見逃し三振ではなく、ストライクを見逃したから正座とは……。思わず絶句した。どんなに疑問に思っても、命じられた以上はやらないといけない。僕は市民球場のホームベース上でかなりの時間、正座した。二軍観戦に訪れ、球場に残っていたお客さんからは失笑が漏れる。

そうこうしているうちに、ナイターでベンチ入りする一軍の選手がウォーミングアップのためグラウンドに姿を見せ始めた。

「オマエ、何しとるんや？」

当然、笑われた。ようやく解放されるのは練習が始まる直前になってからだ。

「おい、アップに行け」

この一言を聞くまで、どれだけ苦しかったか。聞く分には面白いだろうが、やっている本人はたまらない。


こんなこともあった。

ビジター球場では通常、チームの練習が始まる頃には開門され、お客さんがスタンドに入って来る。自分の練習が終わると、大下さんの罵声が飛ぶのだ。

「おい、新井、何をボーッとしとるんや。外野のフェンスで球当てして来い！」

命じられるがままに、僕はレフトのポール際へ移動。お客さんの視線を感じながら、試合開始1時間ぐらい前まで、ひたすらフェンスに向かってボールを投げた。

神宮球場では、外野まで付いて来た大下さんに怒鳴られながら、必死に球当てをやったこともあった。

「もっと声を出せ！　何べん言うたらわかるんや。バカか、オマエは」
お客さんはみんな大笑いだ。
恥ずかしい。だけど、やれと言われたら、やらなきゃいけない。そんな仕打ちを受けたのは、後にも先にも僕だけだ。

なぜ厳しい環境から逃げなかったのか。よく聞かれるが、本能としか言いようがない。

父と母は厳しかった。理不尽に怒られた記憶はないが、これをやれ、と言われたら、必ずやらなければならない。怖くて、絶対的な存在だった。ふて腐れず、下を向かず、命じられたことは最後までやり通す。そうした両親の教えや習慣が、厳しい練習に立ち向かえた原点かもしれない。

よく、練習は自発的にやらないと意味がないと言われる。僕はそう思わない。半ば強制的にやらされた練習でも、継続すれば必ず身になる。41歳まで現役を続けることができたのは、やらされた当時の練習が下地にあったからだ。実体験として断言できる。

空へ向かって打つ

「ポスト江藤」と目された2年目は、特別強化指定選手に指名された。

さらなる地獄の始まりだったが、巡り合わせはラッキーと言うしかない。江藤さんがジャイアンツへ移籍せず、そのままカープに残っていたら、今の僕はなかったことだろう。下手だけど、サードとファーストができ、前年に7本のホームランを打ったことで、僕に注目が集まった。前述した通りだ。

気持ちにも、余裕や自信が少しばかり芽生えた。1年目は不安しかなかったが、大下さんにひいきされながら起用され、初ホームランや初ヒットを打つことができた。「レギュラーになれる」自信までは持てなかったが、「レギュラーを獲ってやろう」という前向きな気持ちで練習に励むことができた。

「空へ向かって打つ」

僕の代名詞にもなったこの言葉は、2年目の沖縄キャンプに臨むに当たって、メディアに何気なく口にしたものだ。

「大きなホームランを打ちたい」

入団後の数年間は、そう思っていた。それもフェンスをギリギリ越えるのではなく、特大のホームラン。観ている人が〝あんなに飛ばすなんて、すごいな〟と思えるアーチを掛けたい気持ちが強かった。

そんな思いを込めて冗談ぽく言ったら、周囲に面白がられ、ひんしゅくを買ってしまった。コーチ陣からは「オマエはアホか」と言われ、金本さんにも「頭がおかしいんじゃないか」とたしなめられた。

別に受けを狙ったわけじゃない。当時の僕は、いわゆるアッパースイング。文字通りバットを下から上へ振り上げていたから、自然にそんな表現になったのだ。

その年は出場92試合で打率・245。本塁打は16本に伸び、35打点を挙げた。

3年目の2001年は、野村さんが前年に足を痛めたこともあり、念願の開幕スタメンを果たした。山本浩二さんが監督復帰した1年目。3月30日の中日戦、七番・サードで2安打を打った。

4月19日の中日戦では4号、5号と2本のアーチ。だが、好事魔多しだ。

休むことの怖さ

あれは確かゴールデンウイークの試合。プレー中に左アキレス腱が痛み始めた。

当時、一軍の寮は広島市西区三篠にあり、僕はそこの2階に住んでいた。

5月4日の朝。起きると、痛みがひどくなっており、階段を降りるのにも苦労した。

足を引きずりながら、どうにか市民球場にたどり着くと、金本さんに声を掛けられた。

「どうしたんや、その足は」

「アキレス腱が痛くて歩けないです」

「今日の試合はどうするんや」

「出られないです。僕が出ることで、迷惑をかけてもいけないので」

すると、金本さんは強い口調で言った。

「オマエな、足が折れているわけじゃないやろ？　試合になったら動けるようになる。だから、絶対に出ろ。休むな！」

「いや、ほんと無理です……」

「知らんぞ。代わりに出たヤツが活躍したら、オマエは出られんようになるで」

当日のヤクルト戦。金本さんの忠告はありがたかったが、痛みで満足にプレーできるとはとても思えず、僕は山本監督やトレーナーと相談して休むことにした。

すると、僕に代わって七番・サードで先発したエディ・ディアスが同点の6回に勝ち越し2ランを打った。6日の同カードでは、僕も7回に代打の代打で意地の同点3ランを放ったが、ディアスはその上を行き、何と3本塁打6打点の大活躍だった。以来、6月中旬までほぼ途中出場を余儀なくされた。

「休むんじゃなかった……」

後悔しても遅い。

「言った通りになったやろ。試合に出てさえいれば、座を追われることはないのに」

うなだれる僕に金本さんは怒った。

「相手には絶対、スキを見せたらダメや。チャンスを与えるのは、それだけ怖いことなんで。あれだけ言ってやったのに」

金本さん自身も、若い頃はケガが多く、チャンスを何度もつかみ損なったようだ。

そうした苦い経験があるから、自分の座が奪われかねないスキは見せない。ライバルにはチャンスを与えない。休むことの怖さを知っていたから、連続フルイニング出場1492試合の世界記録を達成できたのだと思う。

「練習で2か3ができたら、試合では7か8ができる。アドレナリンが出るから体が勝手に動くんや。重症じゃない限りできる」

金本さんは後日、自身の経験談としてそんな話をしてくれた。実際にアキレス腱痛は軽症で、後年の僕なら間違いなく試合に出ただろう。当時の僕は甘かった。プロの厳しさを思い知らされる初めての経験だった。

この年は124試合に出場し、打率・284、18本塁打、56打点。数字では順調に成績が伸びているように見えるが、スタメン出場が74試合しかない上にチャンスに弱く、内容は全く満足できなかった。

すべてが自己責任

そんな体たらくなら、首脳陣の評価も推して知るべしだ。広島市民球場で開幕戦を迎えた4年目は、スタメンから外された。4年ぶりの地元開催となった3月30日の横浜（現ＤｅＮＡ）戦。スタンドは盛り上がっているのに、スコアボードには名前がない。

自分に腹が立って仕方なかった。

「絶対に打ってやる。早く出せ！」

気持ちが入り、気力がみなぎっていた。同点の8回、ついにその時が来た。二死一、二塁のチャンス。自分への怒りで邪念が無くなり、集中力はマックスだ。マウンド上には三浦大輔さんがいた。絶対に打つ――。そんな強い思いを2球目のスライダーにぶつけ、体勢を崩しながらレフト前へ運んだ。値千金の決勝タイムリー。まさに気持ちで打った一打だった。

僕は、自分の身の回りに起こること、すべてが自己責任だと思っている。地元開幕で痛恨のスタメン落ち。まさに自責以外の何ものでもない。僕自身にそこまでの力が無かったということだ。

ただ、オレの責任じゃない、関係ないと思えることでも、他人のせいには絶対にしない。なぜなら、第三者の責任で片付けてしまうと、自分自身が前に進んでいけないからだ。

人は、苦しんだ分だけ優しくなれる、成長できるという。弱い自分、ミスや失敗から決して目をそらさず、現実を真正面から受け止める。すべては自分の責任。決して誰のせいでもない。次のステップを踏むためには、そういう気持ちが大事だと思う。

翌31日の第2戦。足を痛めた野村さんに代わって、僕はスタメンに名前を連ねた。以降は先発出場を続け、7月にはオールスターに初めて選出。松山での第2戦ではホームランを打って優秀選手にも選ばれた。

結果、4年目は全140試合に出場。初めて規定打席に到達し、打率・287、28本塁打、75打点のキャリアハイをマークした。

2003年はまた大きな注目を集めた。FA権を取得した金本さんがタイガースへ移ることになり、空白となった四番。山本監督から「オマエで行くからな」と指名された。メディアも「金本の後継者」と書いていた。

「ヨッシャ、やってやろう」

意気込みは十分だった。振り返れば入団からの4年間、緩やかでも成績は右肩上がりの曲線を描き、〝オレはできる〟という思いがあったと思う。

だが、それは大きな勘違いだった。

3月28日の開幕ヤクルト戦。滑り出しは上々だった。四番・ファーストで4打数2安打。だが、地元広島での開幕となる2カード目の阪神戦でつまずく。いいところを見せようと力が入ったのか、3試合でわずか1安打。以降も快音は響かなかった。

遅ればせながらの1号は開幕から25試合、104打席目だった。5月3日の巨人戦で、3点リードの5回に左中間へ中押しソロ。だが、試合はもつれ、9回に痛恨のサヨナラ負けを食らった。7、8回のチャンスに僕は凡退。四番が仕事をしないのだから、負けるのは当然だ。

すべてがこんな調子。ここ一番で打てないと、精神的に苦しくなる。チームが勝っていれば、いくばくかでも軽減されるが、当時のカープはBクラスの常連。次第にバットが振れなくなり、追い込まれていった。

同時に、四番を担う大変さを思い知らされた。六、七番だと気楽に打てても、四番はチームの勝敗の責任を負う。エースも同様だ。ファンの期待は大きく、チャンスで凡退したり、ここ一番で勝てなければ、野次や罵声が容赦なく飛んでくる。勝てば喜びが大きい反面、苦しみも人一倍。それは、そのポジションを任された者にしかわからない。

「また打てなかったらどうしよう……」

当時は、チャンスで打席に立つのが怖いと感じる自分がいた。失敗を恐れ、結果が気になる。こんな精神状態では打てるはずがなかった。夜も眠れない。逃げ出したかった。

四番降格

そして、その日は来た。

7月12日、開幕から73試合目の中日戦。試合前、山本監督から広島市民球場の監督室に呼ばれ、六番降格を告げられた。

「どうや、新井。苦しいか」

山本監督は、おもむろに切り出した。責められてはいない。トーンはむしろ、僕をいたわってくれているかのようだった。

「苦しいです……」

そう返した瞬間、耐え切れなくなった。誰にも言えずに抑えていた感情が爆発し、涙となってあふれ出た。

「オレにも経験があるからわかるよ」

普段は厳しい指揮官が優しく声を掛けてくれる。心底、申し訳ないと思った。

昭和の黄金時代をけん引し、四番のプレッシャーや責任の重さを肌で知るミスター赤ヘル。広島で生まれ育ち、幼い頃からカープファンだった僕にとってはスーパーススターだ。そんな憧れの人の期待に応えられなかった。人生最大の挫折だった。

試合前の時点で打率・224、6本塁打、33打点。こんな成績では下げられて当然だ。一方では、どこかホッとする自分もいた。実に情けない話。自力でもう一度四番を打ってやる——。泣きながら胸に誓った。

しかし、以降も調子は上がらず、その年は出場137試合で打率・236、19本塁打、62打点。75試合でスタメン四番に起用されながら、あまりに不甲斐ない成績だった。

翌2004年もパッとしなかった。オープン戦で左手の甲を痛め、開幕にすら間に合わなかった。終盤3試合のみ四番に起用されたが、もっぱら六、七番。途中出場が増え、成績もダウンした。完全に頭打ちだった。

思えば、それまでは感覚で打っていた。僕は動体視力が比較的いい。その動体視力と感覚的な反応。それだけで打てていた。

考えてみると、それもすごいことだが、しっかりした自分の技術、木でいう幹の部分がない状態でプレーしていたため、いざ悪くなった時に戻れる場所がない。

そんな状態、つまり不調ではなく、単に実力がない状態で初めて四番に指名された。期待され、周りからの注目度もケタ違い。なのに、結果が出ない。雑音が聞こえ始め、気持ちが焦る。でも、帰る場所がないから、対処の仕方がわからない。

当然、打撃コーチからも指導を受けた。だが、不器用な僕は助言を体得できなかった。もがいても、もがいても、抜け出せない悪循環のループ。完全に迷路の中にいた。

そんな時だった。金本さんから連絡があったのは。2005年の春。阪神とのオープン戦だったか、僕のバッティングが目に余ったらしく、試合後にメールか電話が来た。

「オマエ、何や、あの打ち方は。あんなんだったら、一生打てんわ」

悩み抜いた2年間。ふと、金本さんの顔が浮かぶことがあった。何とか教えてもらえないだろうか……。そう思う一方では、自分で解決しないといけない、頼ってはいけないという気持ちもあった。

ただ、もう切羽詰まった状態にまで追い込まれている。今年ダメなら、自分のポジションは決まってしまう。代打要員か、よくても左投手が先発時のスタメン。そんなところだろう。なりふり構っていられなかった。

「どうしたら打てるようになりますか？　お願いします。教えてください」

僕は即座に頭を下げていた。

「体に真っすぐ軸を作り、その軸を中心に正しく回転しろ」

金本さんからは、そう助言された。それまでの僕は飛距離に目がいきすぎるあまり、ステップ幅の大きいフォームになっていた。これだと体が突っ込みやすく、落ちる球や逃げる球に引っかかりやすい。

いや、低迷した2年間はバッティングの形をコロコロ変えた。芯がないから、打てなくなるとパニックになる。木の幹がないから対処の仕方がわからないし、チェックしようにもできない。その繰り返しだった。

教わった軸回転を、僕は反復練習した。もちろん、うまくいかないこともある。でも、続けると決めたこと。考えはブレなかった。カベにぶつかったら、その都度連絡した。宿舎のカーテンを開け、ガラス窓に映る自分のスイングを確認しながら、「こうですか?」と繰り返し質問する。試合後でも、金本さんは疲れているのにていねいに教えてくれた。

継続は力なり

春のキャンプ中には、水本勝己(現広島二軍監督)さんに「この1年間、これだけは絶対に続けるというものを決めろ。オレも付き合うから」と言われた。当時はブルペン捕手としてチームに帯同しており、僕のことを何とかしたいと思ってくれていたようだ。

「1年間、ホームゲームの時は必ず練習前に特打します。付き合ってください」

以来、本拠地で試合がある日は他の選手よりも早く球場へ行き、左翼側にあった狭い練習スペースで、軸回転を意識しながら、水本さんが投げるボールを必ず打った。雨が降っても、台風が直撃しても。移籍する2007年まで1日も休まなかった。

まさに、継続は力なり。

僕はそれを実感した。金本さんから教わった軸回転。そして、水本さんとの打撃練習。継続することで技術が磨かれ、気持ちに張りが出て充実感を覚えるようになった。何事も続けることが大事だ。毎日の素振り、ランニング。何でもいい。継続すれば収穫や学びがあり、自信も生まれる。勉強や仕事にも通じることだと思う。

分岐点となった2005年。開幕は東京ドームでの巨人3連戦だった。当然、僕はバックアップ要員。ただ、四番のグレッグ・ラロッカが2戦目に足を故障し、翌4月3日には六番・サードで先発機会が巡ってきた。

「絶対に打って結果を出してやる!」

気合いが入っていた。相手が与えてくれた絶好のチャンス。金本さんの忠告を聞かず、ポジションを奪われた苦渋の実体験がある。逆の立場になった今、絶対にモノにしなければならない。

1点を先制した初回から、強い気持ちをバットに乗せた。先発の久保裕也からレフトスタンドへ3ラン。会心の当たりだった。

極めつきは1点を追う8回だ。二死一塁の場面で、シコースキーの外寄り高め直球を右中間スタンドへ運んだ。決勝の逆転2ランは節目のプロ通算100号。チームの勝利に貢献でき、最高に嬉しかった。

これで何とか試合に出られるだろう。そう思ったが、現実は甘くなかった。

その後も何度かスタメンを外され、5月21日の楽天戦で左の有銘兼久から代打満塁ホームランを打ったものの、翌日はベンチスタート。5月29日、敵地での西武戦でようやく先発に復帰したが、それもラロッカのケガがきっかけだった。

7月3日、東京ドームでの巨人戦。待望の瞬間が訪れた。宿舎でのミーティング。「四番、ファースト、新井」と告げられた時、正直ドキッとした。場内アナウンスで同様にコールされると、左翼席のカープファンから歓声が上がった。実に感慨深い。

燃えないわけがなかった。巨人の先発は桑田真澄さん。2点リードの3回、会心の当たりを見舞った。カーブを芯で捉えた打球はレフト上部の看板を直撃。推定飛距離

150㍍の特大アーチだった。

リーグトップに並ぶ21号。試合を観戦した巨人の長嶋茂雄終身名誉監督から「素晴らしい当たり。間違いなく40本打てる」と褒められたこともあり、強く印象に残る。

シーズン最終戦には、最高に嬉しいヒットも打った。黒田博樹さんの最多勝タイトルが懸かった10月7日のヤクルト戦。同点の5回から黒田さんはマウンドに上がり、両軍2点ずつを取って迎えた終盤8回、一死一、二塁の場面で四番の僕に打席が回ってきた。

「黒田さんのために絶対に打つ！」

気合いが入っていた。マウンドにはサイドハンドの吉川昌宏。ボールに集中し、思い切りバットを振り抜くと、打球はライト線で弾んだ。2人の走者が生還するのを見届け、三塁ベースに滑り込んだ瞬間、思わずガッツポーズが出た。勝ち越しの2点三塁打。黒田さんも右手を挙げて喜んでくれた。

僕は現役生活20年間で通算2203本のヒットを打っているが、この1本が最も思い出深い。自分ではなく、誰かのために仕事をする。それを喜んでくれる人がいる。

チームのため、誰かのために
打ったヒットでは気迫がこもる

ホームラン王のタイトルを獲得

誰かのために何かをすることが、これほど嬉しいことだとは思わなかった。初めての経験。黒田さんの初タイトルにつながり、僕自身も最高の気分だった。

その年は先発四番の47試合を含め、出場142試合で自己ベストの打率・305をマーク。長嶋終身名誉監督の予言？ 通り、最終的には43本塁打を打ち、僕もホームラン王の初タイトルを獲ることができた。

ただ、チームは最下位に沈み、山本監督は責任を取って退団した。お世話になった歴代監督の中でも一番苦労をかけ、迷惑を掛けたのが山本監督なのは間違いない。申し訳ない気持ちでいっぱいだった。

翌2006年にはマーティー・ブラウン監督が就任。この出会いも僕にとっては大きく、新しい発見が多々あった。

新指揮官は開口一番こう言った。

「野球は点取りゲームだ。ホームランを打つゲームじゃない。ホームランを打たなくてもいいから、１００打点を目指してくれ」

タイトルを獲った前年は43本塁打を打ったけれど、打点は94。本塁打数の割に少ないと思っていた。加えて当時は、遠くへ飛ばしたいという思いはあっても、自分はホームランバッターじゃないと感じ始めていた。

天性の長距離打者は、打球に独特の角度を持っている。滞空時間の長い放物線を描く一定の入射角。僕にはそれがない。

１００打点を目標に掲げ、バッティングのスタイルを変えた。前のポイントで打っていたのを近くに置き、センターから逆方向への意識を持ちながら、引き付けて打つ。バットの振り幅もコンパクトにした。結果、2年連続で目標をクリア。このスタイル変更は、後の野球人生に役立った。

「もらう」よりも「与える」の方が大事

打撃のアプローチ以上に影響を受けたのがコミュニケーションだ。ブラウン監督からは、話し合うことの大切さを学んだ。後年、カープへ復帰する際にも生きた。

彼は就任直後、キャンプ地の宿舎で選手一人ひとりと面談した。この選手はどんなタイプなのか、どんな考えを持っているのか、どんな性格なのか。自ら歩み寄り、積極的に知ろうとした。とても大切なことだ。

多くの人は、相手を知るより先に自分を知ってもらいたいと思うもの。自分はこうだから、こういう考えだから従えと、一方的に押しつける人がいるが、そういう姿勢だと人はなかなかついてこない。社会生活も同じ。今の時代はその傾向がより強いと感じる。

謙虚な気持ちで話し合う。そして相手を知る。知れば、相手を尊重できる。尊重することで、お互いに学んでいける。

同様に「与える」と「もらう」なら、「もらう」よりも「与える」の方が大事だと思う。自分がもらうのではなく、相手に与える。お金ではなく、心や気持ちを相手に与える。無論、見返りを期待してじゃない。そうした姿勢が、お互いの信頼関係につながると思う。

偉そうに聞こえるかもしれないが、人に対して僕は常に「与える」存在でありたいと思っている。与えることで、実は逆に自分がもらっていることも少なくない。

例えば、若手選手から「バッティングを教えてください」と頼まれたとする。自分の知識や経験を一生懸命に伝え、その選手が試合で結果を出したら、僕自身が嬉しい。それはつまり、もらっているということだ。若手選手に与えようとした結果、喜びとなって自分に返ってきたわけだ。

僕の野球人生は山あり谷ありだった。それも高い山と、すごく低い谷。その繰り返し。激動の渦にもまれ、苦しい経験を数多くする中で、自然にそういう風な考えになっていった。自分で言うのはおこがましいが、苦しい思いをすればするほど、自分にはより厳しくなるし、他人には優しくありたいと思う。痛みを知っているからだ。

格好良く言えば、無償の愛。常にそういう気持ちだ。極端に言えば、自分のことなんてどうでもいい。周りに何と言われようが、自分がもらうよりも与えたい。この先ずっと、そうしていきたいと思っている。

第6章　FA宣言

アニキの背中を追って

9年間在籍したカープを離れることは、それまでの人生で最大の決断だった。広島で生まれ育ち、カープに憧れ、カープで野球をやるのが夢だった。

大学時代に大した選手でもなかったのに指名されて入団した経緯を踏まえても、移籍など考えられないことだった。実際、07年のシーズン中にフリーエージェント（FA）権を取得する状況になっても、移籍するつもりはなかった。カープで優勝したいと思っていた。

07年は前年にFA権を行使せずに残留した黒田博樹さんがメジャー移籍する可能性が高まっていた。長く低迷が続いていた上に黒田さんまでがいなくなる。カープはどうなってしまうのか……という不安があった。とても優勝を目指すどころではない。

どうしても優勝したい。しびれるような優勝争いをしたい。移籍を決めた大きな理由だ。でも、1番ではない。2番目だった。1番は金本知憲さんの存在だった。

金本さんと一緒にやらせてもらったのは、入団から4年間。自然と食事に誘ってもらえるようになり、すぐに打ち解けた。気づけば、いつも背中を追いかけるようになった。

野球観や技術論に限らず、さまざまな話を聞かせてもらった。打てない時に、いら立ちをベンチでぶつけるようなことをして、「そんな態度をするな」と叱ってくれたこともあった。長男の僕にとっては「アニキ」のような人だった。尊敬していたし、かけがえのない存在だった。

だから、02年秋に金本さんが阪神への移籍を決めた時はショックだった。

悩んでいるのはわかっていた。願望を込めて「残ってくれたら……」と思っていた。決断を伝えられたのは日南の秋季キャンプへ向かう朝だった。今はもう閉鎖された広島西飛行場で電話をもらった。

「出ることになったから……。オマエはしっかり頑張れよ」

呆然とした気持ちのまま宮崎へ飛び、宿舎に着いた後は次の日からキャンプが始まるというのに朝まで酒を飲んでいたことを、今でも覚えている。それだけ大きな衝撃を受けた。気持ちが沈む中、胸に誓ったことがあった。「いつか、また一緒にやりたい」。もちろん、当時は自分がＦＡ権を取る時のことなど頭にはなかった。ただ、もう一度同じユニフォームを着て野球をやりたいという気持ちだけは、明確に覚えた。時間がたっても、その時の思いをずっと胸の中に持ち続けていた。だから、07年にFA権を取得した時に「この機会を逃すと、もう金本さんと一緒にやれることはないかもしれない」と考えるようになった。

ありがたいことにファンは残留嘆願の活動をしてくれた。たくさんの署名が書き込まれた応援旗が球場の観客席で振られた。本当にうれしかった。同時に、移籍するということは、そんな多くのファンの思いを裏切ることになる、と改めて思い知った。考えれば考えるほどわからなくなった。何周もグルグル回って、何に悩んでいるのかも分からなくなった。1カ月近く、そんな時間を過ごした。

07年の公式戦を終えた後は日本代表に選ばれ、神戸で開催された合宿に参加した。翌年の北京五輪出場権をかけた台湾での予選に出場するためだ。昼は練習に集中し、練習後は去就について考えた。

合宿中の夜、金本さんの自宅を訪れる機会があった。何時間も話し込み、率直に悩んでいることを伝えた。金本さんは「一緒にやろう」とは言ってくれなかった。誘われるどころか「オマエは絶対にカープを出ない。それだけの勇気と根性がない」とまで言われた。注目度の高いタイガースでプレーする大変さを知っているから、気遣ってくれたのだと思う。思い返せば、金本さんの言葉で逆に奮い立ったのかもしれない。そこまで言われるなら、逆にやってやろう、と。

ＦＡ宣言をしたのは黒田さんが先だった。メジャー挑戦を決断だ。神戸合宿の終盤に聞いた。次は僕の番だった。五輪予選が開催される台湾へ出発する日が近づき、時間的にも最終決断を下さないといけなかった。

最終的に決めたのは合宿最終日だった。練習後に戻った宿舎の部屋で球団本部長として慰留してくれていた鈴木清明さんに電話を入れた。携帯電話を取り出しても、ためらった。「ボタンを押して電話をしたら、もうカープのユニフォームを着ることはできない」。最後の最後まで迷った末に決断を伝えても、気持ちが吹っ切れたわけではない。「もう後戻りはできない」とだけ思った。

たった一度の嘘

11月8日に広島市内のホテルで会見した。FA権を行使しての退団の表明だ。冒頭で泣いてしまった。絶対に泣かないと決めていたのに、「これで本当にカープと別れることになる。もう二度とカープのユニフォームを着られなくなる」と思ったら、我慢できなかった。

「つらいです。カープが大好きなので、つらかったです……」

20秒間も黙り込んだ末にやっと出た言葉だった。後には次のように理由を説明した。

「環境を変え、自分自身野球人として前に進みたかった。自らを厳しい環境に置き、どう変われるか。挑戦する気持ちが出てきました。カープのユニフォームをもう着られないのは寂しい。ファンの方には裏切る形になって本当に申し訳ないが、喜んで出ていくわけではないことを理解してほしい」

会見の中では先述してある通り、「もう一度、金本さんと一緒に野球をやりたかったから」という1番の理由は口にしなかった。本当のことを言ったら金本さんに迷惑が掛かるのでは……と考えたからだ。

今振り返ると、浅はかだったかもしれない。やはり、本心と違う言葉では、思いは伝わらない。子供の頃から母には「言葉を取り繕ったり、飾ったりする必要はない」と言われてきた。この時は〝取り繕って〟しまった。決して金本さんが誘ってくれたわけではない。「オマエには無理」と突き放されたくらいだ。〝片思い〟で追いかけた。そんな気持ちを率直に明かしてもよかったのでは……と今では思う。

日常生活でも正直に言ったことでマイナスになることはあるかもしれない。でも、「正直者がバカを見る」とは思わない。「最後には正直者が勝つ」という信念がある。野球人生において正直にすべてありのままに発言してきたつもりだ。あの移籍会見が唯一の例外だったように思う。一度、偽ってしまうと上塗りをして余計に事態は悪くなる。やはり気持ちを伝える時は素直に言葉にした方がいい。この時の経験は、のちに選手会長としてさまざまな問題と向き合い、たくさんの人と話し合うときに生きたように思う。

この会見を終えても、気持ちの整理がついたわけではなかった。後ろ髪を引かれる思いはずっと残っていた。

幸いだったのは、すぐに台湾での五輪予選に挑まなければならなかったことだ。日の丸を付け、大きな重圧を背負う試合だ。しかも四番を任された。少なくとも予選を戦っている間は心のモヤモヤを消し、グラウンドに集中しないといけないと言い聞かせることができた。監督を務めていた星野仙一さんから「四番で行くぞ」と言われた時は、喜びではなくプレッシャーしかなかった。大一番だった韓国戦を含めて苦しい試合を何とか勝ち抜き、「日本の四番」として責任を果たせた。

台湾から戻った12月7日にタイガースへの移籍を正式に表明。「また金本さんと一緒にやれる」という喜びはあったし、タイガースのために頑張りたいという強い決意もあった。一方で心のどこかでは「カープにはもう戻れない」という後ろめたい思いが、なかなか消えなかった。

この時点では、再びカープのユニフォームを着る日が来ることは予想できなかった。

2007年11月8日に涙のFA宣言をした

第7章　阪神入団（08年〜14年）

広島市民球場で浴びた大ブーイング

阪神のユニフォームを着た初めての開幕は2008年3月28日、京セラドームでの横浜戦だった。「三番・一塁」で出場した。開幕戦はいつも不安の方が多い。特に新しいチームで迎える最初の試合。正直なところチーム全体のことまで考える余裕はなかった。とにかく気持ちだけは出していこう、と誓って臨んだ。

2点を追う4回一死一塁から四球を選んだ。次の打者、金本さんが打った打球は右翼手の頭上を越えた。抜けた時点で絶対に本塁まで還ると決めて走った。三塁コーチャーが制止していたことに気付いたのは走り過ぎてから。とにかく必死に走り、一塁から同点の本塁まで還った。5回には右前打で移籍後初安打も出た。逆転勝利に貢献できた安堵感があったし、それ以上に金本さんと一緒に戦える喜びを改めて感じた。

金本さんの前の打順。後ろで見てくれている。〝殺気〟のようなものが伝わる視線。緊張感と一体感。こんな日が再び来ることを求めていたのだと改めて思った。

2月のキャンプから広島時代との環境の大きな変化に驚かされた。一番は報道陣の多さだ。スポーツ紙は1社で5人以上も担当記者がいる。他の球団にはないことで、野球界以外を見ても、阪神を取り囲む報道陣は最も多いかもしれない。それだけ注目度が高く、他の球団では記事にならないような小さな出来事や発言が取り上げられる。金本さんからは事前に「大変だぞ」と聞かされていても、実際に体験して初めてわかった。

ファンの方の気質も違った。熱狂的という点では、どの球団も同じだと思う。広島時代もファンの方から「頑張ってください」、「応援しています」と声を掛けられていた。阪神に来てからは「タイガースをよろしくお願いします」という言葉が添えられるようになった。タイガースを自分の人生に重ね合わせ、生活の一部になっているから「よろしく」になるのだと自分なりに受け止めた。選手にとっては大きな力になる一方、大きな重圧にもなる……と改めて思い直した。

4月1日には移籍して最初の広島市民球場での広島戦を迎えた。1回表に打席へ向かう時だ。名前が場内放送された瞬間、盛大なブーイングが起きた。しばらくの間、怒声と罵声は収まらなかった。広島時代のユニフォームもグラウンドへ投げ込まれた。もちろん、覚悟していたことだ。移籍を決めた時から、どんな罵声も受け止めようと思っていた。腹も立たなかった。カープファンの思いがよくわかったからだ。逆の立場だったら僕も同じように声を張り上げていたかもしれない。「本当にごめんなさい」という思いだった。

広島時代に使っていた物で捨てた物は一つもなかったし、ユニフォームも自宅に大切に保管していた。自分をここまで育ててくれたのは広島カープという球団。その恩を忘れることはできない。自分は裏切り者なのか……という思いが、ずっと胸の奥にあった。それは自分の中で向き合えばよかった。

ただ、家族、特に広島に住む両親は大変だったと思う。この試合も球場に来ていたし、非難の声も届いていたはずだ。でも、去就について悩んでいる最中も、移籍を決めた後も両親からは何も言われなかった。自分で決めた道を進めばいいと任せてくれた。強い両親に育てられたんだと改めて思った。

初回に一死一塁から四球を選んだ後、金本さんがレフトスタンドへ先制本塁打を打った。ベンチへ戻ってから「あのブーイングを黙らせてやろうと思って打った」と言ってくれた。普段は冷やかされることが多いのに「想像以上だったな……」と気遣ってくれた。

甲子園が揺れる大歓声

4月12日の横浜スタジアムでの横浜戦では金本さんが通算2000安打を達成。偶然にも同じ日に通算1000安打を記録した。やはり不思議な〝縁〟があった。

3、4月は打率3割を超え、月間MVPのオマケも付いた。

5月も好調は続いた。広島時代の四番ではなく三番だったことも幸いした。もともと器用な人間ではない。考えたのは、ただ一つ。「金本さんにつなぐ」。それだけだ。余計なことを考えずに、その一点に集中していたら、自然と球を引きつけて右方向へつなぐ打撃に徹することができた。チームも首位を快走し、「優勝できるかもしれない」と思い始めた。

順調な時ほど、得てして落とし穴がある。体に異変が起きたのは5月の終わり頃だった。トレーニングの際に左腰を痛めた。故障を隠し、我慢しながら出場を続けていても、状態はよくならない。7月にはついに欠場した。左足を地面に着けるだけで電気が走るような激痛に襲われ、全力疾走ができなくなった。歩くのも辛い状態にまでなった。

欠場している間に8月の北京五輪へ向けて発表された日本代表の一員に名を連ねた。辞退も考えたが、予選から四番を任せてくれた星野仙一監督の期待を裏切るわけにはいかなかった。金本さんには「五輪に出るなら、帰ってきてからも絶対に休むな」と厳しく言われた。無理をして野球ができなくなっても構わない、と覚悟して出場した。

北京では決勝トーナメントの準決勝で韓国に敗れ、金メダルの夢は断たれた。3位決定戦でも米国に敗戦。銅メダルにも届かなかった。腰椎を骨折していたことがわかったのは、日本へ戻ってからだった。覚悟の上で北京へ行き、悪化したのだから自業自得だ。現実を受け入れるしかなかった。もちろん、金本さんからは「だから、言っただろ」とこっぴどく叱られた。

帰国した8月24日の時点で優勝へ向けてマジック30が点灯していた。2位・巨人に最大13ゲーム差からは詰められていても、まだ8ゲーム差があった。数字の上では優位でも、チームとしては正念場を迎えていた。苦しい時にグラウンドに立てないもどかしさを募らせ、リハビリの日々を過ごした。

治療のため通っていた鳴尾浜球場で岡田彰布監督から直接電話をもらったのは9月27日だった。「オマエ、出られるか?」。前日に再検査を受け、翌日から屋外フリー打撃を再開する予定を立てたばかり。常識的には試合に出られる状態ではない。でも、「無理です」とは言えない。「出られます」と即答した。

1ゲーム差で迎えた2位・巨人との直接対決の夜だった。「誰にも知られずに球場に来い」と言われ、試合開始直前のウオーミングアップにユニフォームを着て加わった。グラウンドに出た瞬間、なんとも言いようのないどよめきが起きた。

ファンの人にとっては予想もしていなかった復帰だった。驚きと喜び、そして、大きな期待が伝わり、心と体にスイッチが入った。

出番が来たのは4点を追う6回。一死満塁の好機での代打だった。ネクストバッターズサークルに入っただけで甲子園球場が揺れるような感覚を覚えた。ベンチを出ただけでこんな大歓声を浴びたのは初めてだった。一死になって打席へ。体の不安など忘れて、右前へ打った。打った後は一塁守備にも就いた。すべてが見切り発車でもやるしかなかった。後から振り返っても、阪神7年間で最も思い出深い試合になった。

結果として、この試合にも敗れ、首位に並ばれた。以降も一進一退の戦いが続いた。迎えた10月8日が巨人との最後の直接対決だった。競り負けた。10日には巨人の優勝が決定。翌日に岡田監督の退任が伝えられた。もう少し復帰が早ければ、結果は違っていたかもしれない。自分に対する腹立たしさと周囲への申し訳なさでいっぱいだった。

野球は助け合いのスポーツ

初めての環境、初めての優勝争い、そして、悔しい結末。さまざまな出来事が起きた2008年の中で個人的にうれしい〝事件〟があった。ゴールデン・グラブ賞の受賞だ。一塁手部門で選ばれた。もちろん、10年目にして初めてのこと。最も縁遠いものだと思っていた。

本格的に内野を守ったのは大学4年から。下手くそだったのに、あきらめずにノックを打ってくれた歴代のコーチ、使ってくれた監督に感謝しかなかった。獲った賞ではなく、獲らせてもらった賞だった。

昔から通う広島市内の理髪店には、カープの先輩が獲得したゴールデン・グラブ賞の金色のトロフィーが飾られていた。グラブの形を象った文字通り「金色のグラブ」だ。憧れの気持ちで眺めていたことを思い出す。まさか同じ物をもらえるとは思ってもいなかった。

08年は故障で欠場した以外、すべて一塁手として出場して1失策。守備率・999は18年のDeNA・ロペス（守備率1・000）に更新されるまでセ・リーグ記録だった。

野球は助け合いのスポーツだと思う。特に守備の時に、その姿勢が余計に問われる。一つのミスが投手だけでなく、みんなに迷惑を掛ける。逆に誰かのミスを救うこともできる。格好よく守るつもりはなかったし、そんなことができる器用さもなかった。とにかく一つひとつのプレーをていねいに積み重ねた結果だった。

プロ入りの時、決して打撃に自信があったわけではない。それ以上に守備には不安しかなかった。どんなに下手くそでも、腐らず地道に頑張っていけば、何とかなる。苦手なことに直面したとしても「あの新井でさえ……」と思ってもらえればいい。

阪神移籍直後の08年4月12日の横浜戦
（横浜）で通算1000安打を放った

第8章　第7代目選手会長就任

選手会長としての決意

阪神移籍1年目を終えた08年秋、シーズン中に負った腰椎骨折の治療と回復に努めていた頃、ヤクルトの宮本慎也さんから電話をもらった。北京五輪の日本代表でもお世話になった、尊敬する球界の大先輩だ。用件は宮本さんが3年間にわたって務めてきた選手会会長の後継指名だった。

「絶対に無理です。できません」

一度は断った。移籍前の広島では選手会長を務め、選手会全体でも会計役として会長の宮本さんの補佐をしていた。

「いずれは選手会長をやるんだから、今からしっかり勉強しておけよ」

数年前に言われた言葉は冗談として受け流していた。まさか本当に次の会長として指名されるとは思っていなかった。

辞退の意思を伝えても、宮本さんは折れてくれなかった。電話で来訪の意思を告げられた。「大阪へ行く。時間を作ってほしい」。所用を兼ねた関西来訪ではない。会長就任の要請のためだけに出向くのだと告げられた。大阪市内のホテルの一室で実際に顔を合わせても最初は断った。

宮本さんの意思も固かった。「受けると言うまで帰らない」。強く、何度も言われた。ヒザをつき合わせて数時間も話し合った。なぜ自分なのか。

「オマエは〝私〟に走らない。常にみんなのこと、全体のことを考えられる人間だから」

尊敬を寄せる先輩からの言葉は素直にうれしく胸に響いた。向けられる信頼に応えたいと思った。

後から振り返ると、宮本さんと会うことが決まった時から、引き受けることになるだろうと感じていたのかもしれない。このためだけにわざわざ大阪まで来てもらった。ここまでしてもらって、断れないと内心では思っていた。

12月に大阪市内のホテルで定期大会が開かれ、全会一致で7代目の新会長として正式に選出された。31歳は当時の歴代最年少。たどたどしい口調で、直接対話を重んじてきた宮本さんの路線の継承を強調した。「自分たちのことだけでなく、未来のことを考えたい。子供たちに〝プロ野球選手はいいな〟と思ってもらえるように」と率直な思いで所信表明した。

この時、心に決めた。「どんなことがあっても選手会長であることを言い訳にしない。野球選手として逃げ道にしない」と。まさか激動の日々が来るとは思っていなかった。

未曾有の東日本大震災発生

11年3月11日は甲子園球場での全体練習に参加していた。午後2時46分は室内練習場で居残り特打の最中だった。宮城県沖を震源地とする大地震の発生。時間の経過とともに未曽有の被害は関西にも伝わってきた。夜のうちに翌12日に予定されていた中日とのオープン戦中止が決定。同様に日本各地でオープン戦中止が相次いで決まった。

一夜明けて甲子園球場で中日との合同練習という名目の試合に臨んだ。

「本当に野球をやっていていいのか」

選手間でささやき合った。14日には震災発生以降では12球団最初のオープン戦となる巨人対阪神戦が岐阜で開催され、出場した。選手会として義援金などの支援活動を表明した一方、当初予定されていた25日の公式戦開幕へ向かう球界の方針について疑問は拭えなかった。

悲痛な訴えを直に聞いたのは15日だった。

以前から決まっていた年金運営委員会出席のために東京を訪れた際、被災地を本拠地とする楽天所属の選手から「どうしても話を聞いて欲しい」と面会を受けた。

「今はとても野球をできる状況ではない。日々の生活にも困っている」

生の声に触れて確信した。「このまま開幕してはいけない」。臨時実行委員会が同じ会場で開かれていて、当時の加藤良三コミッショナーらと会う機会を得た。一時中断されていた日程調整の協議が再開される直前のことだった。

「今はプロ野球が何を見せるべきか、ということが問われている。今後50年、１００年の価値を決める。野球で勇気づけたいのは選手も同じ。ただ、本当に今、開幕していいのか」

率直な思いを伝えたつもりだった。通じると信じていた。すでに内々にはセ・リーグは当初予定通りの25日開幕、パ・リーグは開幕延期という方針が固まっていた。選手会からの開幕延期の申し入れを受けた実行委員会は結論を保留。加藤良三コミッショナーも「選手の意見を聞かず、一方的にやることはありません」と約束してくれた。再審議になるものと思っていた。

ところが、翌16日、都内で協議したパ・リーグは4月12日への開幕延期を決めた一方、セ・リーグは強行開幕の方針を変えなかった。17日には正式に両リーグから分離開幕が発表され、「選手の意見を聞く」という約束は裏切られた。甲子園球場で伝え聞き、報道陣に囲まれて「悔しいです……」と声を震わせた。

確かにセ・リーグには楽天やロッテのように本拠地球場が被災した球団はなかった。一方で被害は拡大の一途、関東地域でも計画停電で街の灯が消え、電車は本数が減った。原発放射能漏れの不安も広がっていた。とても「野球の力」を見せる時期とは思えなかった。

選手会の事務局は12球団の選手会と連絡を取って意見を集めてくれた。気持ちは同じだった。ほとんど異論はなく、賛同を得た。前会長のヤクルト・宮本慎也さんらも「常識的に考えればいい」と発言してくれた。選手全体の総意として認められ、背中を押された。

セ・リーグは強行開幕の発表に際して「政府、監督官庁の指示に従う」との条件を記載していた。実際に翌18日には日本野球機構（ＮＰＢ）の監督官庁に当たる文部科学省から要望書が届いた。電力事情を踏まえて「試合開催は東京、東北電力管内以外」、「同管内でのナイター自粛」という通達だった。

ＮＰＢ事務局には批判的な電話が殺到したそうだ。逆に選手会事務局には賛同を示す３０００通ものメールが届いた。選手会総意としてもセ・リーグに開幕延期をうながす要望書を提出。声明文の中には「開幕に協力するかどうかについて選手会としての意思決定をするための議論を進めなければならないことになりかねません」という表現も盛り込んだ。

実際、選手の間には開幕ボイコットも視野に入れるべきとの強硬意見があった。そうした声が多くあることがわかっても、敵対や対決は望まなかった。最善の行動を取ってほしいと願っていたし、英断してくれることを信じていた。

文科省通達を受けて19日に臨時理事会を開いたセ・リーグが決めたのは「３月29日

開幕」。わずか4日間だけの延期だった。遠征先の札幌で聞き、また失望感に襲われた。

野球界が一体となる時

どう対応したらいいのか。12球団選手間で再度の意見集約に臨んだ。熟慮しながら迎えた20日の札幌ドームでのチャリティー試合。打席に立つたびに観客席からは拍手と歓声が耳に届いた。阪神ファンや日本ハムファンの区別はない。選手会全体に対する支持と激励の声だった。選手会がやっていることを、そして、選手全員の気持ちを、ファンの方にちゃんと理解してもらえているのだなと思わせてくれた。本当にうれしかった。

22日に都内で予定された文科省など関係省庁とNPBとの会談に同席することも決定。札幌での2連戦を終えた21日夜に決断した。従来通りにセ・パ同時開幕を希望する声明を出した上で、仮に強行開幕された場合でもボイコットなどの対応は取らないという方針だ。NPB側が最も憂慮していた対抗策をあえて放棄した。

選手会の中にも強い行動に出るべきという声があった。でも、日本全体が大変な時期に選手が試合をボイコットすることにどんな意味があるのかと感じた。野球そのものがファンや国民から見放されてしまう。そもそも同時開幕を望んだのは、野球が一つになって被災地を支援したいと思ったからだ。

若く年俸の低い選手のことも考えた。数百万円の年俸で家族を支えている選手もいる。高額年俸の選手よりも年俸カットの痛みが大きい。当時の開幕問題の焦点はセ・リーグだった。仮に開幕ボイコットに至った場合の年俸カット対象も当然、セ・リーグ球団所属の選手に限られていた。

そんな中でパ・リーグ所属の選手から決意を聞かされた。「そうなった時はパの選手も一緒に痛みをわかち合いたい」。リーグに関係なく選手は一体となっていることを確信させてくれた。心は決まった。強行開幕されてもボイコットはしない、と。

関係省庁訪問に備え、21日夜に札幌から東京へ飛んだ。この時点でボイコットという実効的な対抗手段は捨てていた。〝武器〟は何も持っていない。誠意を込めて話すしかないと思っていた。

節電対策された都内の政府庁舎はどこも薄暗かった。NPBの監督官庁に当たる文科省、電力問題を担当する経産省などをＮＰＢ関係者とともに訪ね、各所で賛同を得た。「選手会の声こそがファンの声」とまで言ってくれた人もいた。

プロ野球が一体となって難局に立ち向かっていきたいということを伝えた。ボイコットを盾にせず、ブラフもない。純粋に素直に、すべてをさらけ出して話をしたかった。結果的には、それがいい方向へ進んだのかもしれない。

パ・リーグが先に決めた「4月12日」の日付が適当かどうかは選手側が判断することではないという考えを持っていた。望んだのは球界が復興支援へ向かう中で一丸になること。象徴として同時開幕を訴えた。開幕延期で日程消化が遅れる可能性についても「どんなことがあっても、12月になっても、すべての試合をやり抜く」という覚悟を選手の総意として伝えた。

風向きは完全に変わった。関係省庁はそろって選手会との協調路線を主張。ＮＰＢ側にとっては事前にすり合わせをしていたはずの文科省からも3・29開幕案の差し戻しがあった。阪神も選手会の希望する同時開幕へ姿勢を転じるなどセ・リーグ球団の中からも同調意見が出始めた。
都内の省庁訪問を終えて次の遠征先の広島へ移動。2日後の24日に招集されたセ・リーグ臨時理事会で4月12日への再延期が発表され、両リーグ同時開幕が決まった。強行開幕に異議を唱えた3月15日から激動の10日間だった。

正直に言えば、大変な日々だった。一方で被災者の方々のことを考えたら何でもないことだと思えたし、プロ野球人の使命をかみしめる日々にもなった。特に震災直後は「合同練習」という名目で観客を球場に入れない試合を経験した。歓声のない中で打って走ることが本当にさみしく感じた。ファンの前でプレーしてこそプロ野球だということを改めて思い知った。この気持ちを、ずっと持ち続けていこうと思った。

4月12日、広島との開幕戦は甲子園球場で迎えた。当日の朝の食卓には例年のように赤飯や鯛を並べなかった。祝って迎える開幕ではなかったからだ。「四番・三塁」で出場して6回に同点の中前適時打。逆転で勝つことができた。いや、この1試合に限れば、勝敗は関係なかった。集まった観衆は4万5000人超。たくさんのファンの方に応援されてプレーできることに感謝し、選手とファンの一体になっている空気を感じられたことがうれしかった。必死に打って、必死に走った試合を終え、口の中は乾ききっていた。忘れられない試合がまた増えたと思った。

WBC参加問題

開幕延期問題で選手会は権利確保の枠にとどまらない動きを示し、ファンの支持を得た。これが後のワールド・ベースボール・クラシック（WBC）参加問題にもつながっていったと思う。11年7月、球宴期間に名古屋市内で開いた選手会臨時大会で参加条件が改善されない場合には13年開催の第3回WBCへ参加しないことを全会一致で決めた。

MLBとMLB選手会による共同会社（WBCI）主催の同大会における収益配分の不平等を訴え、NPBに交渉を求めた。1年後に大阪市内で開いた同じ夏の臨時大会。WBCIからゼロ回答が続く状況を踏まえ、不参加を決議した。しかも「最終決議」という強硬姿勢。反感は覚悟の上だった。

過去2連覇している国際大会で注目度が高いことはわかっていた。今回の主張に関してはファンの方から理解を得られないのではないかと思っていた。選手会が問題視している部分も一般の方には伝わりづらいところがあったからだ。

きっと厳しい声が寄せられるだろうと思っていたら、選手会事務局からネット上で集められた世論調査の結果は予想外のものだった。6割が選手会の姿勢を支持してくれた。なぜか、を自問自答した。

球界再編問題から始まった構造改革議論や震災の時の開幕延期問題で選手会は球界全体を思った主張や行動を続けてきた。決して選手の権利だけを追求してきたわけではない。その積み重ねが大きかった。だから、WBC参加問題でも選手会の声が予想以上にファンの方にも受け入れてもらえたのだと思う。

実際、求めたのは選手が受け取る利益配分ではない。日本代表が本来、持つスポンサー権やグッズライセンス権を戻してほしいという要求、日本代表を支援・応援したいというスポンサー料などは日本に還元されるべきという主張だった。選手に〝お金をください〟ではなく、NPBにお金が入るようにしてほしいとのお願いだった。

振り返れば、第1回大会では当初、NPBが不公平な利益配分を理由として参加表明を一時保留した経緯もあった。本来なら選手会とNPBの要求は一致していて同じ方向を向き、手を携えられるはずだった。にもかかわらず、また温度差を感じさせられた。

WBCの運営会社WBCIからは選手会とNPBの内輪の問題と論点をすり替えられた。特に残念な思いを抱かされたのがNPB内部からも「選手会の説得を」という声が挙がったことだった。説得する相手はWBCIやMLBで、相手が違う。もちろん、中には選手会の思いを受け止めて米国との交渉に奔走した関係者もいた。

12年秋に大会不参加決議の撤回を表明した。

（1）選手会が主張したスポンサー権、商品化権がおおむね認められたこと

（2）NPBが権利管理し、事業部局を立ち上げるなどビジネスの構築を約束したこと

を理由とした。厳密には代表スポンサー権帰属要求が完全には通らなかった一方、大会期間外の代表活動における権利が認められ、NPBが利益を確保できる仕組みが動き出した。

選手は大会に参加したいという純粋な気持ちを持っていた。ＮＰＢが主張すべきことを主張してくれていたら、選手会がやるべき問題ではなかったと思う。だから、大会出場を表明した会見の最後、「トップであるコミッショナーが主導権を取り、ＭＬＢと対決しないといけない」と訴えた。

その後、ＷＢＣは13年の第３回大会を経て、17年には第４回大会が開催され、21年の第５回大会にもつながっていく。15年からは「プレミア12」という新しい大会が始まり、今秋には第２回を迎える。侍ジャパンも常設化された。選手の負担も増える中、しかるべき立場のリーダーがリーダーシップを発揮して、しっかりした体制を作ることが大切だと思う。

プロアマの雪解け

12年12月６日の定期大会が会長としては最後の務めになった。退任に際した会見でどうしても伝えたいことがあった。

「どうして野球を普通に教えることができないのか。純粋に野球がうまくなりたいと

選手会長として東日本大震災、WBC不参加問題など激動の時代を過ごした（写真真ん中左から2番目）。13年には学生野球憲章が大幅に改訂されるなど功績ははかりしれない

いう球児たちの思いを、高野連（日本高校野球連盟）の方はどうお考えで、どうしていかないと、と思っているのか。このままでは何も変わらない。一番かわいそうなのは球児です」

振り返れば、08年12月の会長就任に際して掲げたのがプロアマ交流の推進だった。4年間の時間を経ても思うような進展が見られなかったことが心残りだった。

10年2月に高校、大学野球の基本的理念を条文化した「日本学生野球憲章」が初めて全面改正され、この中でプロアマ交流が原則的に認められる方向性が示された。転機だと感じて、高野連に足を運び、「野球を一つにしたい」と率直な思いを伝えた。

12年2月には学生野球協会、高野連、NPB、選手会との間で「学生野球資格に関する協議会」を設置。6月には学生野球資格回復に関する研修制度案も出した。問題提起したのは、高校野球の指導においてアマ関係者は教員資格の有無を問われないのに対して、プロ出身者は教員資格を必須とされている点。なぜプロ出身というだけで差別されるのか。当時は何か提案をすれば、必ずと言っていいほど、過去の不正な事例を引き合いに出された。不幸な過去はあっても、時代は変わって野球界が一つの方向を向いていこうという時に、未来の話をしてほしかった。

プロアマ問題に強い関心を抱き、使命感を持ったのは選手会長への就任前だ。7歳下の弟・良太がいたことで、プロ入り当初から自然と意識させられた。広島1年目に弟は高校1年生。それまでは何げなく交わしていた野球の会話にも神経を使うようになった。なぜ兄弟間で普通に接することができないのか。一方がプロ野球選手、一方が高校球児というだけで突然〝壁〟が生まれる違和感があった。だから会長就任に際して取り組むテーマを問われた時、プロアマ問題を真っ先に答えた。

学生野球資格への問題提起がプロ選手の引退後のセカンドキャリアと結びつくのは、実は本意ではなかった。資格問題はあくまで入り口。理想に描いたのは、全面的な交流解禁だった。

13年には学生野球憲章が大幅に改訂。会長在任当時に案として出した学生野球資格の回復が制度化され、教員資格がなくても元プロ野球関係者が学生を指導できるようになった。大きな前進だった。決して功績として誇るつもりはない。歴代の選手会長らが長い時間をかけて訴えてきたことだからだ。物事が1人の力で動くと考えるのは、傲慢だ。先輩たちから引き継ぎ、後輩たちへ引き継いでいく。そんなつながりが形になっていくのだと思う。

今は元プロ選手が高校球児を教えることは珍しくなくなった。もっともっと交流が進めばいいと思う。

例えば、オフの日に近くの高校のグラウンドで野球部の練習中に通りかかったプロ野球選手が球児たちと野球談議に花を咲かせる。何も壁のない自然な触れ合いだ。そんな日がいつか来れば……と願う。

「やってよかった」

会長として4期4年の任期を終え、後任として楽天・嶋基宏に引き継いだ。31歳で当時最年少と言われた自分よりも、さらに若い27歳。パ・リーグ球団からは初の選出となった。しっかり物事を考えられて、しっかりと発言できる人に後を任せたいと思っていた。その上でパ・リーグの選手だったという点も考えた。もう「セだ」、「パだ」と言っている時代じゃないと思ったからだ。何か問題が起きても、ファンの声を大切に12球団が一つとなって取り組んでいくのが選手会のアプローチだ。そういう思いは、17年冬に嶋から選手会長を引き継いだ炭谷銀二朗にも受け継がれていると思う。

4年間の任期を振り返った時に強く実感したのは「会長一人では何もできなかった」ということだ。前会長だった宮本さんが「一部の人間だけが考えるのではない。選手みんなで問題を共有し、みんなで考えていこう」という土壌を作ってくれていた。

何か起きた時もリアルタイムで情報を共有して、問題意識を持ち合えた。事務局スタッフも連携を取って意見を集約してくれた。だから、どの問題に対しても選手会全体で同じ方向を向いて動くことができた。だから、これからも選手一人ひとりには少しでいいから、アンテナを張ってほしい。個人のこと、チームのことを思う中に「野球界のこと」を少しでも思ってほしい。

会長を退任した後、古田敦也さんや宮本慎也さんの歴代会長に会うと、決まって聞かれた。「どうだ。会長をやってよかっただろう」と。答えは決まっていた。「やってよかったです」。経験者だけが共有する言葉にできない思いだ。

正式退任を翌日に控えた夜、ささやかな打ち上げの会があった。事務局スタッフと労をねぎらい、語り合った夜を忘れることはない。

第9章　阪神時代（14年まで）

阪神の四番の重圧

阪神で初めて四番を任されたのは10年4月だった。18日の横浜スタジアムでの横浜戦。右肩故障で先発を外れた金本さんの代わりを任された。試合前に行われるシートノックの前にメンバー表を見て初めて知った。

金本さんの代わりになる選手は誰もいないと思ってきたから、この時も「金本さんが戻ってくるまで」という気持ちしかなかった。報道陣の取材にも「金本さんが完治して戻ってくるまで、しっかり頑張ります」と正直に答えた。

四番を奪い取った気持ちはないから、その後も「4番目」の意識がずっとあった。翌11年は開幕から四番で出て、93打点を挙げて打点王を獲得した。05年の本塁打王以来、タイトルは2度目になっても満足感や達成感は少なかった。オフの表彰式でも「記録には残ったけど、ファンの記憶にはあまり残っていないと思う」と話した。正直な気持ちだった。

長い間ずっと「阪神の四番=金本さん」だった。僕を含めてチーム内でもそうだし、ファンの間にも強い印象が残っていた。金本さんの技術の高さ、好機での勝負強さには到底及ばない。実際三番を打っていた頃、「金本さんにつなげば何とかなる」と思っていたのは他でもない僕だからだ。そんな偉大な前任者と比べて、見劣りするのは当然だった。

経験した者にしかわからない。やはり、阪神の四番は独特だった。注目度の高い人気球団で、ファンも熱狂度も別格。その中でも四番打者はチームの顔で、常に勝敗の責任を背負う。打てずに負ければ、叩かれる。それが、ずっと続けば、とても平静ではいられない。

金本さんは不調の時でも自分を奮い立たせ、平然と打席に立っているように周りに見せていた。弱みを外には見せなかった。同じような立場になってみて、改めてすごいと感じさせられた。何より金本さんは阪神へ移籍してから2度のリーグ優勝に貢献した。同じようにＦＡ移籍しながら、同じようにはなれなかった。優勝争いはしても、優勝には届かない。四番打者として風当たりが強くなるのは仕方なかった。

和田豊新監督の下で迎えた12年も四番で開幕した。滑り出しは順調でも、調子を落とし、5月4日の巨人戦で六番へ打順が下がった。同31日のロッテ戦では先発からも外れ、08年秋からの連続出場も490試合で止まった。

不振の時は好機で打席に向かう時に観客席がザワザワするようになった。「新井で大丈夫か?」というファンの正直な不安の表れだと受け止めた。

凡退すると、落胆や罵声に変わった。同僚の選手が「あれはひどい」と言ってくれたことがあった。「仕方がないし、あれがすべての〝声〟ではないと思うから」と答えた。

実際に球場には声にならない声で応援してくれる人がいたし、テレビの前で手を合わせ祈るように見てくれている人もいた。そんなファンレターがたくさん届いた。自分に夢を託してくれる人がいる。だから、前を向いてやることができた。

金本さんの引退

チームが下位に低迷していた12年9月12日には金本さんが現役引退を発表した。何も聞かされていなかった一方、もしかしたら……という思いもあった。右肩を故障してからの苦労を近くで見ていたからだ。

周りに迷惑を掛けて申し訳ない気持ちを持っていたことはわかったし、何より満足にプレーできない自分を許せない人だと思っていた。

でも、現実に「引退」の決断を伝えられた時はショックだった。さみしいなんていう言葉では表しきれない気持ちだった。何度も強調するように広島を出たのは「金本さんともう一度、一緒にやりたい」と思ったからだ。

阪神で5年間を過ごし、一緒に優勝できなかったことが何より悔しかった。「ビールかけは楽しいぞ」と聞かされていたのに……。

引退試合は10月9日、甲子園球場での横浜戦に決まった。

実は同じ頃、金本さんと同じ右肩に痛みを抱えていた。その影響で9月24日には登録を外れた。必死にリハビリを重ね、引退試合までに復帰を間に合わせた。どうしても同じグラウンドに立ちたかったからだ。

10月9日は首脳陣には先発出場を直訴した。「四番・左翼」だった金本さんの後ろ、「五番・一塁」で先発させてくれた。最後の瞬間まで金本さんの背中を目に焼き付けたかった。6回には2人で連打した。セレモニーでベンチ前に並んだ時は、頬をピシッとはたかれた。「頑張れ」というメッセージだと受け止めた。金本さんが引退したら、もう頼る人がいない。「4番目」ではなく、本当の意味での「四番」として、もう一度挑戦しようと考えた。

新外国人の獲得

ところが、状況は、そんな思いとはかけ離れていった。右肩のリハビリを続けていた13年春のキャンプ中に今度は背中を痛めた。2月中旬に沖縄の一軍を離れ、高知県安芸市の二軍へ合流せざるを得なかった。初実戦も3月中旬までずれ込み、開幕戦は7年ぶりのベンチスタート。先発に復帰した後も四番で出場することは一度もなかった。

翌13年へ向けて球団は同じ一塁を守る新外国人打者マウロ・ゴメスを獲得。一定の資金を投入した新戦力が優先して起用されるのは仕方のないことだ。キャンプは順調に過ごし、オープン戦でも状態は良かったが、開幕戦はベンチで迎えた。以降も代打が多く、自然と出場機会は減っていった。

第10章　自由契約から広島復帰

自由契約

11年にＦＡ権を再取得して残留した際に結んだ3年契約は14年が最終年だった。２位でクライマックスシリーズへ進んだ頃、球団から内々に契約更新の条件を伝えられた。

２億円から65パーセント減の年俸７０００万円。野球協約で定められた減額制限を大きく超える内容だった。落ち込むどころか、むしろ喜んだ。減額制限を超える条件提示を受けた際、同意しなければ自由契約を選べるからだ。

新加入のゴメスが打点王を獲得するなど結果を残したことで出番は減少。10年ぶりに規定打席に届かなかった。次の年も控えに回る可能性が高い。もう一度勝負したいという気持ちを強く持っていても、３度目のＦＡ権取得には、もう1年足りない。大減俸を提示されれば、新たな道が拓けることがわかっていた。

そもそも94試合で打率・２４４、３本塁打、31打点の成績を考えれば、大減俸は当然だったし、〝補欠〟の選手に対しては十分過ぎる額だと思った。だから、球団の方には配慮への感謝も伝えた。

チームはクライマックスシリーズを勝ち抜き、ソフトバンクとの日本シリーズへ進んだ。個人的にも初めて経験する大舞台を直前に控えて腰痛を発症。甲子園球場で戦った第1、2戦はベンチを外れた。代わりに首脳陣からは敵地での第3戦へ向けて「間に合わせてほしい」と言われた。左腕、大隣憲司の先発が予想され、DHでの先発起用したい、ということだった。懸命に治療し、出場できる状態まで回復させた。ところが、予定が変わり、第3戦もベンチを外れた。初めてベンチ入りした最終第5戦も出番なく終了。

グラウンドに立ちたい、もう一度勝負したいという気持ちがさらに強まった。

完全燃焼するために

11月4日、球団には自由契約を選ぶ意思を正式に伝えた。もちろん他球団へ移っても定位置の保障はない。阪神に残るよりも厳しい立場に立たされる可能性も覚悟の上だった。

金銭的な条件に関しても、自由契約の身分で移籍先を探すからには阪神から提示された大減俸をさらに下回ることもわかっていた。阪神の球団幹部の方も心配してくれ、「広島が気にかけてくれているようだ」と教えてくれた。まさか……というのが正直な思いだった。

阪神退団が報じられてすぐ広島・松田元（はじめ）オーナーの発言を新聞で目にした。

「広島で生まれ育った選手。彼にカープで野球がやりたいという気持ちがあるなら歓迎だ」

うれしかった。信じられないような、ありがたい言葉だった。一方で過去に広島からFA移籍して復帰した選手はいない。「裏切り者」を覚悟して一度は生まれ故郷の広島を離れた身だ。たくさんのファンから残留を臨まれたのに、7年前は「もう二度とカープのユニフォームは着られない」と涙して移籍の道を選んだ。

阪神でレギュラーの座を失い、苦しい状況に立たされたからといって、差し伸べられた手に簡単にすがることはできないと思った。

どこで野球を続けるのか。それを考えた時、広島は最も心を動かされる球団であり、最も心を動かしてはいけないと思う球団だった。7年前のことを思い出しては心が沈んだ。「どんな顔で帰ればいいのか」と思い悩み、「絶対に帰ってはいけないのでは……」と考えた。広島を退団する時に「出てはいけない」と思った以上に「戻ってはいけない」と。考えるほど心の針は振り子のように行き来を繰り返した。

阪神を出ると決めた理由は「もう一度、レギュラーを目指して勝負したい」という純粋な思いからだった。完全燃焼のための勝負を追い求めた。どこへ行っても定位置の確約はない。阪神に残る以上に立場が厳しくなる可能性も覚悟していた。同じ厳しい道を進むなら後悔だけはしたくなかった。

燃え尽きるなら……。

そう考えた時に脳裏に明確に浮かんだのは、やはり赤いユニフォームを着た自分だった。育ててくれた広島ですべてを出し尽くしたい、と。しかも、苦しい時にどこよりも早く手を差し伸べ、温かい声を掛けてくれた。

最後に針は振り切れた。

広島の球団本部長、鈴木清明さんから「話をしたい」と連絡をもらい、11月10日に広島へ出向いた。この時点で、もう心は決まっていた。年俸2000万円の条件を提示されて、即断で受け入れた。阪神から大減俸として提示された7000万円をさらに大きく下回っていても関係なかった。「帰って来い」と言ってくれた気持ちだけで十分だった。

喜びがある一方、正直なところ、まだ〝怖さ〟があった。阪神へ移籍した最初の年、最初の広島遠征で浴びた罵声が耳に残っていた。ファンはどう思うのだろうか。また非難の声を浴びせられることも覚悟し、がむしゃらにやるしかないと思った。

あんな歓声をもらえるとは、この時点では想像もできなかった。

2014年11月に広島復帰が決まった

第11章　広島V3

予想外の大歓声

２０１６年９月10日、東京ドーム。

スタンドは真っ赤に染まり、歓喜の時を待ち望む大歓声が敵地を包み込んでいた。ウイニングボールは恐らく、自分がつかむことになるだろう。打球がファーストに飛んで来るか、あるいは送球を収めるか。なぜかわからないが、そういう予感があった。

そして2点リードの9回裏、二死一塁。心臓の鼓動が早くなる。巨人・亀井善行の打球がショートへ転がった時、「来た！」と思った。あとはもうスローモーションの世界だ。田中広輔からの送球をグラブに収めた瞬間、興奮と感動で頭の中が真っ白になった。

「ヨッシャー！」

両手を突き上げ、無意識に絶叫していた。ついにたどり着いた。

カープにとっては、１９９１年以来のセントラル・リーグ優勝。25年間待っていてくれたファンの皆さんと、ようやく一緒に喜び合える。それが一番うれしい。

マウンド上にできたナインの輪の中で、黒田さんが号泣している。自然に歩み寄り、抱き合った時には、僕も我慢していたものを抑え切れなかった。一緒に流した悔し涙も、苦しかった過去も、すべてが報われた。言葉はいらない。

ただ、甘美な時間に酔いしれていた。

ただ、感動していた。

首位快走が始まった8月以降。野球の神様に優勝を祈り、毎晩のように「あと1球」のシーンを思い浮かべていた。それだけで、なぜか目頭が熱くなった。

優勝決定当日も「野球の神様って、やっぱりいるんだな」と思ってグラウンドに立っていた。何しろ、先発投手が黒田さんだ。それも配慮ではなく、ローテーションの順番で登板が回ってきたもの。偶然では片付けられない。「ちゃんと見てくれていたんだ」と妙に感じ入ったことを覚えている。

振り返れば、2016年は僕個人にとっても最高のシーズンになった。4月に通算2000安打を、8月には300本塁打を、それぞれ達成。オフには想定外の最優秀選手（MVP）にも選ばれた。セ・リーグ最年長となる39歳での受賞。望外の幸せだった。

それでも、優勝の喜びにはかなわない。個人記録よりもチームの勝利が最優先。昔から変わらない信念だ。チームメイトとわかち合う喜びは、何ものにも代えがたい。プロに入って18年間、ずっと追い求めていた。

カープ復帰後は、さらにモチベーションが上がった。ファンの人たちに喜んでもらう、喜んでもらいたい。恩返しがしたい。その一心だった。だからこそ、25年ぶりのリーグ優勝はうれしい。9月10日の巨人戦は、生涯忘れられない試合となった。

起点があった。

2015年3月27日、開幕ヤクルト戦。8年ぶりに復帰したカープでの最初の打席だ。2点を追う7回二死一、二塁のチャンス。開幕投手を務めた前田健太の代打だった。阪神移籍後の初打席で受けた罵声がトラウマとなって残る。また、あの時のようにならないか……。不安は消えなかった。

ところが、ベンチから「行くぞ」と声が掛かり、グラウンドに出た瞬間、「ウォー」という地鳴りのような歓声が起きた。聞こえるのはブーイングじゃない。正真正銘の声援だ。ネクストバッターズサークルで待機している時は心臓がバクバク、口の中はカラカラ。代打がコールされると、マツダスタジアム全体からすさまじい歓声がまた上がった。

「どうして、こんなに応援してくれるんだろう……」

信じられなかった。打席では緊張で足が震える。同時に込み上げてくるものがあった。小川泰弘が投じたフルカウントからの6球目。必死にスイングした結果はライトフライだった。めちゃくちゃ悔しい。それでも声援を送ってくれる人がいる。その時に誓った。

「ファンの皆さんに恩返しがしたい。喜んでもらえるように頑張ろう。喜んでもらうことでしか、恩返しはできない」と。

生涯忘れることのない打席。記録は凡打でも、その1打席が僕には宝物となった。

「今度は僕が喜ばせてあげる番だ」

自分のためではなく、ファンのために頑張ろう。何とか、優勝を届けたい――。それがモチベーションのすべてになった。その気持ち一つで残りの野球人生を突っ走った。

8年ぶりの日南・天福球場

覚悟はあった。

2014年11月14日、マツダスタジアムで開かれた復帰会見。もちろん、笑顔なんて出てこなかった。なぜなら、僕がどんな決意でカープに戻ってきたかを、みんなにわかってもらう必要があったからだ。

「プレーで感謝の気持ちを示し、育ててもらった球団で燃え尽きたい。初心に帰り、泥だらけになりながら若手と勝負したい」

赤いユニフォームに再び袖を通した僕は、メディアの前でそう表明した。

一度は出て行った選手なのに、タイガース退団を決意した後、カープは真っ先に声を掛けてくれた。その時に決めた。

「カープのために何でもやる。また泥まみれになって、若手選手たちと勝負しよう。1年間、一生懸命にやって力になれなかった時は、潔くユニフォームを脱ごう」と。

二度と戻れないと思ったカープ。復帰できたことはうれしいけれど、決意を示す場で白い歯を見せることはできない。だから、自然と厳しい表情になった。

明けて2015年1月19日。廿日市市の大野練習場で行われていた合同自主トレに初めて参加した。その時のあいさつに、僕なりのメッセージを込めた。

「バッティングのことはわかりませんが、守備のことなら何でも聞いてください。アドバイスしますので」

大爆笑だった。ホッとした。

僕がどんな人間かを知っているのは、倉義和さん、廣瀬純、梵英心、それに石原慶幸ぐらいしかいない。しかも、他の選手とは年齢差が結構あった。そうした状況で、どうあいさつしようか考えた時、若い選手たちと絶対にカベを作りたくなかった。みんな気になっていたと思う。新井さんはどんな人だろう。口うるさいのかな、怖いのかな――と。

真面目くさって「力になろうと思っているから、聞きたいことがあれば、何でも聞きにきてくれ。よろしく！」なんてやると、みんな固まってしまう。

だから、最初に笑いを取って「オレはこういう感じだよ。偉そうにする気は全くない。みんなと一緒に、ワイワイやりながら頑張ろうと思っているよ」と伝えたかった。そういう雰囲気を作りたかった。

そして2月1日のキャンプイン。プロ野球選手には特別な日だ。長いシーズンへの第一歩。僕にとっても特別な日だった。

カープのユニフォームに再び袖を通し、8年ぶりに日南・天福球場のグラウンドを踏みしめる。とても懐かしく、感慨深い。僕はここで汗と泥にまみれ、鍛えられた。若い頃に猛練習した思い出が蘇り、「過去の実績は関係ない。打つ、守る、走る。すべてをイチから鍛え直す」とあらためて誓った。

初日から飛ばした。一連のメニューを終えると、予定にはない守備の特訓を志願した。終了時間を決めていない。疲労で動きが鈍ったら両脚を柔軟体操でほぐし、気力を振り絞ってまた追う。気が付けば、約２００球で満杯のカゴが空になっていた。

2日目には坂道ダッシュをやった。若手でさえキツい練習。38歳だとなおさらだ。坂道を60分間駆け上がると、満足に歩行できないほど疲労困憊だった。以降も、若手と一緒に早出特守をこなし、居残りの特打もやった。

これも僕なりのメッセージだった。

「中途半端な気持ちでカープに帰って来ていない。なりふり構わずやる！」

そういう覚悟や姿勢を首脳陣、チームメイト、ファンに行動で示したかった。年齢を重ね、体力、筋力は間違いなく落ちている。いたずらに自分をガンガン追い込むと、ケガのリスクは高まる。でも、ギリギリまでやってケガをしたら、それはそれで仕方がない。そう思って懸命に練習した。

このキャンプは、ここ数年にないハードさだった。覚悟を決め、若い選手ともう一度勝負すると決めたのだから当然だ。しかも、その相手には才能があり、明るく素直な選手が少なくない。阪神時代から、カープには楽しみな若手がいると感じていたが、一緒に汗を流してみて思いを強くした。

夢のような再会

余談だが、復帰1年目は選手を観察していた。どんなタイプか、どんな性格か、どんな考えを持っているのか。必要なこと以外はあまりしゃべらず、じっくり話を聞くようにしていた。2年目からだ。アドバイスしたり、食事に誘うようになったのは。その助言も、自分からすることはほとんどない。聞かれれば、もちろん100《パーセント》答えるし、自分の見方や考えを「こう思うよ」と伝える。いたずらに押しつけても、求められていない助言は身につかないと思うからだ。

2次キャンプ地の沖縄では、夢のような再会が実現した。黒田博樹さんの合流。移籍した当時のことを思うと、僕がカープに戻ること自体が夢のようだが、黒田さんと同じユニフォームを着てまた一緒にやれるなんて信じられない。興奮を抑えられなかった。互いにカープを離れて以降も、黒田さんとは毎年会っていた。2014年のオフも何度か広島で食事をした。

「カープに帰って一緒にやりましょうよ」

僕が復帰を決断して以降は、会うたびに誘った。期待感はあった。ただ、年末に年俸20億円を超えるオファーが届き、様子が一変した。アメリカに戻る前日にも一緒に食事をしたが、黒田さんは「どうすればいいか、わからん……」とすごく悩んでいた。さすがにその時は何も言えなかった。

そういう姿を見ていたので、正式にカープ復帰が決まった時は本当にうれしかった。メジャーであれだけの実績を築き、現役バリバリの時に日本球界に復帰する選手なんて、もう出ないだろう。しかも大型契約を蹴った。すごい決断。黒田さんが帰って来てくれたからこそ、25年ぶりのリーグ優勝があり、3連覇を成し遂げることができたと思う。

黒田さんとは昔から仲がよく、同じタイミングで移籍と復帰を果たしたことで、同列に語られることが多いが、立場は全く違う。

自分で選んだとはいえ、僕は自由契約。黒田さんは違う。前年まではヤンキースの主戦級で、メジャーではエリートだ。家族もアメリカに住んでいる。それなのにすごい契約を蹴り、単身で戻ってきた。

僕からすれば、同列に語られるのは恐れ多いし、おこがましい。同じ復帰でも重みがまるで違う。僕は広島で生まれ育ち、幼い頃からカープファンだ。なので、どこかファン的な視点で復帰を喜ぶ自分がいた。先輩なのに「黒田さん」じゃない。

「黒田、ありがとう」

「ヨッシャ、あの黒田が帰ってくるで」

そんな感じだ。それほど感激する自分が、客観的に見ると面白かった。黒田さんが復帰すれば、プラスしかない。実績もさることながら、常に自分を厳しく律する人。

自己犠牲の精神にあふれ、常にチームのために行動する人だ。カープには、投手も野手も伸び盛りの選手が少なくない。姿に接し、考え方を聞くだけで、プレーする期間はもちろん、将来にとっても財産になる。そう確信していた。

アクシデントの連続

3月に入ると開幕の足音が聞こえてくる。

マツダスタジアムで最初の試合となった、7日のヤクルト戦前には新入団選手紹介があり、黒田さんとグラウンドに並んだ。翌8日は黒田さんが復帰後初先発。マウンドで投げる姿をサードの守備位置から見ていると、不思議な気持ちになった。投球スタイルは変わっても、立ち居振る舞いは全く変わらない。威風堂々。懐かしく、感慨深かった。

そして2015年の開幕。最初の打席で味わった感動を、僕は一生忘れない。ファンの方々の声援が、僕を奮い立たせてくれた。感謝しかない。

傍目には順調に映る復帰1年目の春。裏側では、しかし、選手生命を縮めかねないアクシデントが立て続けに起きていた。開幕まで残り10日を切った3月18日、遠征先の宿舎で朝起きると、右ヒジがパンパンに腫れて動かなくなっていた。トレーナーに相談したら「これはダメ。すぐに精密検査」と言われた。札幌の病院でＭＲＩを撮り、チームを離脱することになってしまった。

実はキャンプ中から異変を感じていた。サードをやるということでノックを受け、オーバーワークを承知で突っ走った。競争して若手に勝たなければいけない立場。痛いとは言えないし、休むわけにもいかない。我慢していたら、耐えられなくなった。広島に帰り、大野でリハビリ。起きたことは仕方がない。やるべきことをやって、こうなったのだ。悔いるのではなく、次のことを考えた。どうしたら開幕に間に合うか、治療しながら、トレーナーと話し合った。

最終オープン戦があった22日、僕は経過報告のためにマツダスタジアムを訪問。右ヒジはまだ万全ではなかったが、その場で開幕に一軍登録されることが決まった。

5月9日の甲子園。右ヒジの状態がいくばくかでも改善していた状況で、今度は左手を痛めてしまった。1点リードの5回、能見篤史から記念すべき復帰1号を打った時だ。味方選手とハイタッチしていると、「おかしい」と感じた。手袋が痛くて外せない。患部を見ると、何かがズレているような感じ。徐々に腫れも出てきた。

隠して7回の打席にも立ち、3番手の松田遼馬から2点タイムリーを打った。球種はカーブ。痛みでまともにスイングできず、ポンと当てたらゴロで中前へ転がった。強いストレートだったらこうはいかない。

病院での診断は「左手中指伸筋腱脱臼」だった。聞けば、手術すると完治まで2〜3カ月かかると言う。冗談じゃない。治療しながら、試合に出ると決めた。トレーナー部長の石井雅也さんの言葉も背中を押した。

「トレーナーの立場では、ストップをかけないといけない。でも、個人的には出てもらいたい。みんなが新井を見ている。チームには今、新井が必要だから出てほしい」

純粋にうれしかった。石井さんは僕の性格を知り抜いている。チームは最下位を脱出したばかり。気持ちに火が付き、「もちろん、出ますよ。ダメになったら、選手を辞めるだけですから」と即座に答えた。

僕の場合、試合に出る、出ないの判断基準は「痛いか、痛くないか」ではなく、

「やれるか、やれないか」だ。

金本知憲さんの忠告を聞かず、他の選手にチャンスを与えて後悔した2002年は、まだプロ入り4年目。そこまで達観できていなかった。だが、野球人生はすでに第4コーナーに差し掛かっている。このままダメになっても……という覚悟はあった。

打席でバットを止めると、激痛が走る。相手捕手に気付かれるわけにはいかないので、うめき声を抑えるのに必死だった。打席を外して我慢していた時には、球審から「新井くん、早く、早く」と促されたこともあった。試合が終わると、左手はドラえもんのように腫れ上がる。治療して腫れが引き、試合に出るとまた腫れる。その繰り返しだった。


そんな状況でも何とか3割を維持し、7月にはありがたいことに、ファン投票でオールスターに選ばれた。幸いにして左手の状態は徐々に落ち着いたが、盛夏の球宴を境に、僕の成績は逆に落ちていった。

前評判が高かったチームも最後まで波に乗れず、わずか1勝差でクライマックスシリーズ進出を逃した。本当の実力がなく、若い選手が多いチームの弱点、脆さが出た感じだ。ただ、ポテンシャルは秘めている。失敗には必ず学びがあり、トータルで見れば、いい経験をしたシーズンだったと思う。

僕自身も、夏場の失速を猛省した。

何しろ、年齢が年齢。体力的にしんどい時期は、休養も大事だと思って体を休ませた。これが間違いだった。休むのはいいが、フィジカルの数値まで落ちてしまっては、パフォーマンスに影響するのが当然だ。

そこでオフは下半身を中心に、例年以上に体をいじめ抜いた。翌2016年は、体力的にしんどい時でもトレーニングを休まず、逆に強度を上げた。大正解だった。この年は夏場に入っても調子が落ちなかった。1月の自主トレ公開の際、メディアに「近年にない楽しみがある」と答えた通りの結果になった。

40歳が近づくにつれ、体調の変化が顕著に出てくる。休養は大事だが、年齢に抗ってみることも時には必要だと思う。しんどい時こそ、もっと負荷をかけてトレーニングする。その重要性を、身をもって学んだ。

「あの下手クソだった新井が……」

２０１６年は記録ラッシュだった。

通算２０００安打の達成は４月26日、神宮球場でのヤクルト戦。３回の第２打席に成瀬善久から左翼線二塁打を放って決めた。

「あの不器用で下手クソだった新井が、よくぞここまで……」

自分のことながら純粋にそう思う。でも、正直に言えば、２０００という数字自体に意識がなかった。残り29本でスタートし、王手を懸けたのが前の試合。大記録を目前にすると力むと聞いても、そこを目標に置いていないので、小休止することもなく普通に通過したという感じだ。

ただ、勝ち試合で僕の記録を祝おうとチームメイトがベンチを盛り上げ、ファンの方々も敵地を真っ赤に染めて喜んでくれていた。それがとてもうれしかった。

８月２日、同じ神宮球場でのヤクルト戦では、通算３００本塁打を達成した。２回無死一塁で、石川雅規のシンカーをバックスクリーンへ運んだ。先制２ラン。この時も打線が爆発し、敵地の盛り上がりがすごかった。本当にありがたい。

でも、自分の数字に興味がないことに変わりはなかった。現役20年間で何本のヒットを打ったか、大体のところはわかるが、正確な数字を聞かれると答えられる自信がない。本塁打、打点もしかりだ。だから、記録が目前に迫ってきたからといって意識はしないし、打席で力むこともない。チームが勝つために状況に応じたバッティングをする。それだけだ。やることは変わらない。

それでも、黒田さんが日米通算200勝を達成した時は、自分の記録以上にうれしく感じた。300号の10日前、本拠地マツダスタジアムで行われた7月23日の阪神戦。僕自身も3回にタイムリーを打ち、わずかながら花を添えることができた。実に感慨深い。振り返れば、カープのユニフォームを着て一緒に戦っていること自体が夢のようなのに、2016年は僕が2000安打、黒田さんは200勝を達成し、25年ぶりのリーグ優勝まで成し遂げることができた。

野球はよく、筋書きのないドラマに例えられるが、実生活でも実感する。自分の野球人生ではあるけれど、客観的に見ると、ドラマでもない、いや、ドラマでさえ出来すぎのような筋書きだと思う。

考えてみれば、人生なんてどこでどう転ぶかわからない。想定外のことは日常的に起こる。むしろ、計算通りにいくことの方が少ないだろう。もちろん、計画性を持って行動することは大事だ。それとは別に、その一瞬に全力を尽くす、自分の足もとを見つめて一生懸命やることが大切だと、つくづく思う。


6月の交流戦を鈴木誠也の3試合連続決勝本塁打で締め、その時点で2位のジャイアンツに6ゲーム差。月末には11連勝を飾り、9ゲーム差にまで開いた。それでもまだ6月。70近く試合を残してもいる。優勝なんて意識していないし、山場はこの先に来ると考えていた。何しろ、相手は優勝を何度も経験している巨人だ。選手自身も「勝負はまだまだ先だ」と思っていたはずだ。

その意味で8月上旬の3連戦は重要だった。5連勝でマツダスタジアムに乗り込んで来たジャイアンツに2連敗を喫し、連敗が今季ワーストの4に伸びて迎えた3戦目。その時点で4・5ゲーム差あったが、メディアや周囲はカープとの11・5ゲーム差を逆転して優勝した1996年の「メークドラマ」の再現などと、騒ぎ始めていた。

点の取り合いとなった7日の第3戦も、最終回を迎えた時点で1点のリードを許す苦しい展開。9回裏の攻撃は、代打の（西川）龍馬と（田中）広輔が倒れて二死となり、絶体絶命の状況に追い込まれた。

Vの予兆

ミラクルは、そこで起こる。

キク（菊池涼介）が勝負強さを発揮し、巨人の守護神・澤村拓一の初球をレフトスタンドへ起死回生の同点アーチ。本拠地を赤く埋めたファンは俄然ヒートアップした。

「これは来る」

そう思った。流れに乗って一気にいきたいところ。続く丸（佳浩）が7球粘って四球を選び、打席が回った時に直感した。

「何かが起こる！」

初球空振り後の2球目。ライナー性の打球が左翼手・松本哲也の左横を抜け、一塁走者の丸が長駆サヨナラのホームを踏んだ瞬間、僕の感情は爆発した。

2016年8月7日、巨人戦（マツダ）でサヨナラヒットを放ち、渾身のガッツポーツが出た

グラウンドに右ヒザをつき、右拳を突き上げた渾身のガッツポーズ。無心だった。

でも、はっきり言ってダサい。映像を見るたびに「何でもっと格好よく決めなかったんだろう」と後悔するが、喜びのあまり素が出てしまった感じだ。クラブハウスではリプレーが何度も流れ、みんながすごく盛り上がっていた。恥ずかしいが、そんなに沸くなら、あれでよかったのかなとも思う。

絶対に負けられない試合だった。負ければ3・5ゲーム差となり、チームの雰囲気が暗いものになったかもしれない。キクの同点ホームランに尽きる。首位攻防の土壇場で価値あるアーチを架けるなんて、なかなかできる芸当じゃない。みんながビックリすることをやってのける、キクの魅力が詰まった一打だったと思う。


この勝利でチームは再び加速した。

優勝へのマジックナンバー「20」が初めて点灯した試合も2位の巨人戦だった。8月24日、東京ドームでの直接対決。試合に勝った時点でゲーム差は8に開いた。それでもまだ気は抜けない。何しろ、最大13ゲーム差を逆転された2008年、タイガース時代の苦い経験が僕にはある。星勘定をしては、肝心の試合に集中できなくなる。「最後まで何が起こるかわからない。結果に一喜一憂せず、とにかく1戦1戦、目の前の試合に集中しよう」

自分に言い聞かせるだけでなく、チームメイトにも事あるごとにそう呼びかけた。一日一日がとても長く感じた後半戦。「1戦1戦」とは言っても、実のところは巨人の動向が気になった。優勝の2文字が少しずつ見え始めると、目に見えないプレッシャーがのしかかる。追いかけられるのは、こんなにもしんどいのかと実感した。だからこそ、8月7日の逆転サヨナラ勝ちは大きい。キクは「あの試合でいけるんじゃないかと思った」と語っていたが、僕にはまだ確信はなかった。優勝が決まって初めて「あの試合がターニングポイントだったな」と振り返ることができた。

以降は巨人が失速し、マジックが勢いよく減った。それでも優勝決定まで息が抜けなかった。独走状態であっても、僕たちは未経験の道を一歩一歩踏みしめている。苦しかった分、初めて味わう美酒は最高だった。

そして11月5日。広島市中心部にある平和大通りは真っ赤に染まっていた。悔しい日本シリーズの敗戦から1週間。現役を引退した黒田さんと2人、オープンカーに乗って沿道を埋めた人たちに手を振った。

「すごいですね」

「あぁ、本当にすごい」

そんな会話を交わしながら感激に浸った。

リーグ制覇を記念して実施された41年ぶり2度目の優勝パレード。前回1975年の初優勝時には30万人が押し寄せたようだが、今回はそれを上回る31万3千人が沿道に集まったと聞いた。

25年ぶりの優勝を祝福してくれる、すさまじい熱狂。遺影を掲げて涙を流す人もいる。あんなに手を振り、喜んでくれるファンの方々の姿を見ると、心が熱くなった。チームメイトも同じ気持ちだったに違いない。

「もう1回優勝し、この人たちをもっと喜ばせてあげたい」

さわやかな秋晴れの1日。沿道の声援に感謝しながら、あらためてそう決意した。

七夕の奇跡

明けて2017年。

リーグ制覇を記念して実施された41年ぶり2度目の
優勝パレードで黒田さんと同じ車に

2連覇への道のりは、厳しいものになるだろうなと予想していた。黒田さんは引退してもういない。他球団のマークもきつくなり、カープに主戦級の投手をぶつけてくるのは目に見えている。目の前の1戦1戦に120㌫で臨むこと。前年以上に勝ちたい気持ちで臨まないと、厳しいと思った。

ただ、2月1日の春季キャンプ初日の段階で「これは」と感じるものがあった。広輔とキク、丸の主力3人が中心になり、連係プレーの練習から声が出ていたのだ。野手だけで集合した時も、広輔が自らみんなの前で「ボール回しとか、キビキビやっていきましょう」と声を掛けていた。

優勝したことで気持ちが緩んでないし、慢心もない。3人を中心に「自分たちがチームを引っ張るんだ」という自覚が伝わり、非常に頼もしく感じた。

3月31日、開幕のタイガース戦は四番に指名された。開幕四番は阪神在籍時の2012年以来で、カープでは2007年以来10年ぶりだ。7回には桑原謙太朗からプロ19年目で初となる開幕戦アーチを架けた。それでも試合に負けてしまっては感慨も喜びもない。ただ悔しいだけだった。

この年は、いや、この年からスタメン機会が減少した。選手である以上、試合に出たい気持ちは当然ある。ただ、出なくてもチームが勝てばそれでいい。

すでに40歳。僕の出場機会が減れば減るほど、若手選手にはそれだけチャンスが増え、経験を積むことができる。客観的に見れば、チームの今後にとって望ましい。僕個人にとってもうれしいことだ。

その方針は、打撃コーチの石井琢朗さんから事前に説明を受けていた。

「今年はできるだけ休みを取ろうと思っているし、休ませるところも考えている。ただ流れやチーム状況で、これは出てもらわないといけないという試合は、少々疲れていても行ってもらうからな」と。

このあたりのコミュニケーションは絶えず取ってもらっていたので、僕としてもやりやすかった。

先発機会が減り、ベンチスタートが増えても、自分のやることは変わらない。代打であれ、後半の守備固めであれ、言われたところでベストを尽くす。当たり前のことだ。もちろん、ベンチにいれば声を出す。

ただ、準備の仕方は工夫した。体のキレやパワーを損なわないように、ショートダッシュやウエートトレーニングを多めに入れた。梅雨前からは遠征先でウォーキングも取り入れた。代打待機の際は、いつ指名されてもいいように4回あたりから準備した。

あの日もそうだった。

2017年7月7日、神宮球場でのヤクルト戦。「七夕の奇跡」と言われた試合だ。9回表の攻撃を迎えた時点で、スコアは敗色濃厚な3対8。相手ベンチはこの回から、新守護神の小川泰弘を投入してきた。

バティスタのソロ本塁打が号砲だった。一死後にはキクもアーチを架けた。続く丸は四球を選ぶ。誰一人としてあきらめていない。松ちゃん（松山竜平）の左中間二塁打で2点差。（西川）龍馬も二塁内野安打で続く。好機が二死一、三塁に広がり、球場のボルテージが一気に上がったところで代打に指名された。

甘く入ってきた直球。手応えはあった。打球は数秒後に、バックスクリーンを直撃していた。まさに起死回生の逆転3ラン。代打本塁打はこれまでも何本かあるが、逆転弾はプロ19年目で初めてだ。敵地を包み込んだ大歓声に興奮を抑えきれなかった。

1年に1度じゃない。3年、いや、5年に1度あるかないかのゲーム。最終回にみんながつないで5点差を、それもエース格の投手を打ってひっくり返すなんて、そうはない。僕の長い野球人生でも経験したことがない。忘れられない試合になった。

実はその打席、ネクストバッターズサークルで準備している段階から、もう一人の自分と会話していた。

「冷静になれよ」

「ボールからくるぞ。見極めろよ」

「バッティングカウントではカットボールか何かでつってくる。打ち気になるなよ」

打席の中でもそんな声が聞こえた。気持ちは熱い。球場全体がヒートアップしていた中での打席。ファンの「新井コール」もすごかった。でも、頭は冷静だった。

もう一人の自分と会話する。

そんな感覚が芽生えたのは、カープに復帰してからだ。細かくは説明しづらいが、経験値を積み重ねる中で自然に湧き起こったものだと思う。キクが同点アーチを架け、僕が決勝打を打った2016年8月7日、ターニングポイントになったジャイアンツ戦でも打席で会話していた。

若き四番の覚醒

「七夕の奇跡」が起きた時点で、2位のタイガースとは最大の8ゲーム差。メディアは独走と表現していたが、前後には苦しい状況に陥ることが何回かあった。5月6日、甲子園でのタイガース戦では9点のリードを守れず逆転負け。8月22日からのDeNA3連戦でも、3試合連続サヨナラ負けという屈辱を味わった。

それでも投打の信頼関係が崩れることはなかった。これこそが黒田さんが残してくれた財産だ。チームの和を大事にする「黒田イズム」の成果だと思う。

具体的に言うと、投手と野手が互いに尊重し合い、みんなで一つになって頑張ろうという考え方。それが選手に根付いている。だから、一時的に感情的になることがあっても引きずらない。投手が抑えても、野手が点を取らなければ負ける。投手が打たれても、野手が取り返して勝つ試合もある。持ちつ持たれつ。支え合ってこそチームメイトなのだ。

投手陣は特に、黒田さんの教えを一丸となって実践していると感じた。例えば、前年16勝を挙げた（野村）祐輔。本人はモノ足りないかもしれないが、敵チームが「今年は打ってやろう」と立ち向かってくる中で我慢強く投げた。（大瀬良）大地や岡田（明丈）、薮田（和樹）ら若い先発投手はタフになり、粘り強くなった。リリーフ陣もザキ（中﨑翔太）に（今村）猛、イッチー（一岡竜司）を中心に団結していた。

野手は野手で、選手各自がワンランク上の力を付けた。とりわけ、バックアップだった面々が顕著だ。安部（友裕）が典型だし、野間（峻祥）や上本（崇司）といった、途中から守備固めや代走で出る選手たちにも同じことが言える。若手同士の競争が激しく、互いに切磋琢磨しながらレベルアップすることで、チーム全体の力は間違いなく上がったように感じる。

その中で鈴木誠也という、カープの明日を担う新しい四番打者が誕生した。

僕が初めて四番を打ったのは2003年だが、当時の僕と誠也では技術的に全く違う。誠也の方がはるかに上だし、秘めたポテンシャルも比較にならない。

悩みながらのシーズンだったろう。よく言われるエースと四番には、経験した者にしかわからない苦しみがある。チームの勝敗を背負わないといけないし、背負わされる。しかも孤独だ。四番としての1年目はメディアやファンの視線、声がすごく耳に入ってきたはずだ。

あれは6月か7月だったか。

「自分が思っている以上に、周りはみんな誠也のことを見ているし、チームへの影響も大きいぞ。だから我慢、我慢」と伝えたことがある。

僕は基本「聞かれたら答える」というスタンスで、自分から注意、助言することはあまりない。ただ、この時ばかりは伝えるべきだと思った。ありがたいことに僕はいろんな経験をさせてもらい、苦しいことを我慢したから今があると思える。この時期の彼は精神的に追い込まれているように見え、何かのヒントになればと思って伝えた次第だ。

この1年で誠也は大きく成長した。苦しみながらあれだけの成績を残し、悔しいケガによって手術や入院を経験することで、精神的にもたくましくなった。あの若さでチーム全体に目配りができるし、一丸で戦うことがカープには最善だとわかっている。ワンランク上のステージに進んだと言えるだろう。

浸透したフォア・ザ・チーム

リーグ2連覇を決めたのは9月18日、甲子園でのタイガース戦だ。この試合がまた2017年のカープを象徴していた。

同点の8回に、桑原から左前決勝打を打ったのはバティスタ。このドミニカアカデミー出身の大砲は、前年まで育成契約で、6月に支配下登録されたばかりだ。

カープが彼の地に進出したのは約30年前。存亡の危機を乗り越え、苦労しながら地道に努力してきたからこそ、こういう形で実を結んだわけだ。長い歴史があって今がある。選手の育成は一朝一夕に成就しない。先見の明の勝利と言えるだろう。

しかも、単に現地で技術や体格に秀でた選手を獲るだけでなく、きちんと教育するのが素晴らしい。チャランポランな性格だと待ったをかけるし、日本に来てからもカープのルールや方針に則って教育し、日本人選手と同じように猛練習させる。来日したドミニカンは、だからみんなが一生懸命だ。

バティスタだけじゃない。翌2018年のリーグ3連覇に救世主的な役割を果たしたフランスアは2014年の秋に来日。練習生として約3年半を過ごし、育成契約、支配下選手とステップアップした。言わば、自前で育てた外国人選手だ。だから、家族の一員という意識が強く、それがまたチームの一体感や強さにつながっていると言えるだろう。

そして2018年9月26日。

マツダスタジアムでのビール掛けは格別だった。ヤクルトに大勝し、セ・リーグでは巨人以外で初となるリーグ3連覇を達成。とても誇らしい気分だった。まさに至福の瞬間。この美酒を味わうために、選手は野球人生を懸けている。この2年間は遠征先で優勝が決まっており、スタンドを埋めた地元の皆さんと一緒に喜び合えたこともうれしかった。

僕自身は7回に代打に立ち、そのまま一塁守備に就いた。ユニフォームを脱ぐと決意した年に初めて体験する本拠地の歓喜。ファンの皆さんや、可愛い後輩たちのおかげだ。

「本当にありがとう」

固辞した中で5度も胴上げされ、喜びを噛みしめながら感謝の思いが募った。最高の思い出になった。

現役最終年は苦難のスタートだった。開幕前の3月21日に左ふくらはぎ痛を発症。屋内練習場でショートダッシュを繰り返していた時にピリッときた。

「開幕前に情けない……」

自分に対して腹が立ったが、なってしまったものは仕方がない。年齢とともにフィジカルは落ちる。その落ち幅をいかに小さくするか。体に負荷をかけるのに、ダッシュは不可欠な練習なのだ。自分とのせめぎ合い。ケガに注意し、ギリギリまで追い込むはずが、境界を越えてしまったわけだ。

リハビリ中でも一軍の動向はやはり気になり、応援しながら試合中継を見ていた。ただ僕が離脱すれば選手枠が一つ空く。「若い選手にはチャンス。また面白いヤツが出てくるんじゃないか。誰か出てきてほしい」と願う自分がいた。

一軍復帰は5月11日。本拠地でのタイガース戦。五番、ファーストで先発出場し、2回に能見から適時二塁打を打った。

そのこと以上にうれしかったのが、石原慶幸の通算1000安打達成だ。17年目の

38歳。彼とは若い頃から一緒に行動し、チームが弱かった頃から数え切れないほど食事をし、野球の話をしてきた。僕のこと、僕の考えを一番よく理解している弟のような存在。時間はかかったが、復帰した日に節目の1本を打つとは、深い縁を感じざるを得ない。

石原も出場機会が減りつつあるが、捕手は経験がものをいうポジション。視野も広い。打つ、守るだけでなく、目に見えない部分でもチームの力になれることはたくさんある。余計なことは考えず、まだまだカープのために頑張ってもらいたいと思う。後輩たちに経験を伝えてほしい。

リーグ3連覇を果たす過程では、心が痛む未曾有の災害が起きた。

6月末から7月上旬にかけて、西日本を中心に降り続いた記録的な大雨。とりわけ地元の広島や岡山、愛媛で甚大な被害が出た。

災害発生当時、カープは関東への遠征中。報道で知り、「大変なことになっている」と思った。広島に帰ってみると、被害ははるかに想像を超えていた。氾濫した河川の泥水や土砂が市街地や家屋を飲み込み、ライフラインは止まっている。犠牲になった方、安否不明の方もたくさんおり、道路が各地で寸断された中で懸命の救出活動が続いていた。

言葉を失った。

被災された方々の心情を察し、球団が本拠地で予定された阪神3連戦を中止したのは、妥当な判断だったと思う。労組日本プロ野球選手会の会長を務めていた2011年、東日本大震災が発生し、プロ野球の開幕延期を訴えて関係各所を回った経験があるから、苦渋の決断だったことは容易に想像できる。

「野球で元気を。勇気を」と言うのは、差し出がましい。

そういうレベルじゃない。身内に不幸があった人や、食べること、寝るところに困っている人たちの苦労は並大抵じゃない。気持ちを推し量ることはできないし、簡単に癒やせるものでもない。


ただし、僕たちはプロ野球選手だ。一生懸命にプレーすることしかできない。7月20日の巨人戦は、だからこそ意義深い。

豪雨被害発生後、半旗を掲げて開催されたマツダスタジアムでの最初の試合。延長10回に1点を勝ち越されたその裏、二死一塁から途中出場したズル（下水流昂）が逆転サヨナラ2ランを右翼ポール際へ運ぶと、スタンド全体から歓声が爆発した。

「こいつら本当にすごい！」

ベンチを飛び出し、祝福の輪に加わりながら心底そう思った。最大7点差を逆転されても、最後にまたうっちゃる。しかも、相手は巨人のブルペンを支えるマシソンだ。試合途中に出てきた控え選手が、あの場面で屈強な投手から逆転本塁打を打つ。高いレベルでレギュラー争いをしているから、ベンチにも力を持っている選手が数多い。選手層は12球団でもトップレベル。そこにもカープの強さがある。

ジャイアンツは7連勝で広島に乗り込んできた。その3連戦の初戦。仮に3連敗なら2ゲーム差にまで迫られるところだった。

「これはターニングポイントになる」

ズルが打った瞬間にそう思った。2連覇の経験があったから、そうなると直感した。選手にとっては大きな試合。僕たちの戦いぶりは、被災された方々にどう映ったのだろうか。少しでも喜んでもらえたのなら、選手冥利に尽きる。

そして歓喜の美酒。3度の優勝それぞれにうれしさがあり、それぞれにチームの色がある。年齢の若い選手が多いけれど、２０１８年はすごく「成熟」を感じた。

2018年9月23日のDeNA戦で、9回裏
の松山のサヨナラヒットで喜びを爆発
させる広島ナイン。マジック1とした

「ここは一気にいくぞ」

「ここは耐えるぞ」

優勝を重ねることで、こうした試合の中での流れを選手一人ひとりがわかってきた。わかった上で戦っている。加えて、全員が同じ方向を向いて戦う一体感。これもまた実績を積み重ねる中で培われたものだ。チームがこうまとまれば優勝争いに食い込める、優勝できるということが、雰囲気や何かでわかっている。こうなったらダメだということも分かっている。これは大きい。

今のカープには日本代表に選ばれる選手が多く、技術的に個々のレベルが高い。4年前に比べたら考え方も成長していると感じる。自分さえ良ければ……と考える選手がいない。「フォア・ザ・チーム」の精神。だから心の深い部分でつながり、強固な絆がある。個々の能力の高い選手が多ければ、そのチームが強くなるわけではない。それがチームスポーツの醍醐味でもあり、それはプロもアマも一緒だと思う。リアルタイムで同じ気持ちをチームとして共有できるから、より多くのドラマがある。

そして周囲に感謝する心。それがチーム全体に広がり、いい雰囲気につながっている。見ていてうれしく思う。

広島復帰後、さらにチーム愛は深まり家族的な雰囲気が生まれた。チームが一つになり、リーグ3連覇を成し遂げた

第12章　野球の未来のために

野球ができる環境整備を

引退した後、たくさんの人から「これから、どうするんですか？」とよく聞かれる。考えていることはある。やりたいこともある。その一つが、東日本大震災で被災した地域での野球大会の開催だ。

11年5月の交流戦で震災から約2カ月半後の宮城県を訪れた。仙台空港に降り立ち、岩沼市へと向かう道には津波の被害が大きく残っていた。がれきの山に崩れた家……。テレビの画面からではなく、自分の目を通して伝わってくる現実に心が痛んだ。避難所では「頑張ってよ！」と励まされた。勇気づけるつもりが逆に勇気づけられた。

同年12月には選手会長として選手会主催の行事を福島県いわき市で開催した。地元の小、中学校の少年野球約１５０チームを中心に５０００人近くの人が集まってくれた。

行く前はどんな反応をしてくれるか、不安もあった。大変な状況でも子供たちの笑顔や純粋さ、けなげに頑張っている姿を見て胸を打たれた。一緒にキャッチボールする機会もあった。現地へ行って直接触れ合ってみてわかることがある。すごく喜んでくれて、プロ野球選手でよかったと心から思った。あの時から自分でできることをやらないといけないとずっと思っていた。

東日本大震災による被害は甚大で復興には長い時間がかかっている。現役の間は気持ちがあっても、なかなか日程的に物理的に融通の利かないことが多かった。引退してからは自由な時間も増える。できることから少しずつでも始めていきたい。それで少しでも喜んでもらえたら……と思う。

野球大会を開催するからには、1回で終わるのではなく、子供たちが喜んでくれ、また次も参加したいと思ってくれるようなものにしたい。

昨年は故郷の広島を含む広い地域で豪雨災害もあった。例えば広島の子供たちを東北に招き、交流できるような試みも提案していきたい。

これから何をやるにしても、野球から離れることはない。野球がなかったら、今の自分はないからだ。

野球を通じて、いろんな人と出会い、いろんなことを学んだ。野球のおかげで今の自分がある。「恩返し」という言葉は少し違うと思う。これからも野球を大切にしていきたいという考えだ。

僕が大好きな野球を、たくさんの子供たちにもやってほしい。

少子化やスポーツの多様化が進み、子供たちの野球人口は減少してきている。だからこそ、もっと野球を大切にしたい。野球を通してたくさんの人と触れ合いたい。子供たちが1人でも多く野球をやってくれたら、うれしい。そのためにも、いろんな意味を含めて、子供たちが野球に触れる試みをやっていけたらいい。

野球を観る人は決して減っていない。いや、むしろ増えている。近年のマツダスタジアムは連日満員だった。空席も目立っていた昔の広島市民球場の時代を知っているから、いつも感謝し、選手として甘えず、期待に応えないといけないと思ってやってきた。

広島だけではない。各球団ともそれぞれが工夫した取り組みを進め、観客動員はプロ野球界全体で伸びている。

球場に足を運んでくれる人たち、特に子供たちが観るだけでなく「野球をやってみたい」と思ってくれるには、どうすればいいか。グラブやボールを持って球場に来る子供たちがいる。球場内や周辺に実際に「野球をできる」施設があれば……と思う。キャッチボールや壁当てでもいい。それが入り口になるのだから。

実は息子2人は指示したわけでも、勧めたわけでもないのに「野球をやりたい」と言って自分から始めた。少しずつでも教えてあげたい気持ちがある。でも、いざ一緒にやるとなると、キャッチボール禁止の公園が多いことに改めて気づかされる。

僕が子供だったころとは環境が違う。観るだけでなく、もっと野球をやれる場所があれば……と思う。これは野球界全体で考えないといけない。

息子たちには、何もいいのでスポーツはやってほしいと思っていた。できれば、個人競技ではなく、団体競技が良かった。仲間と目標を共有し、苦楽もわかち合う。その積み重ねで、思いやりや協調性、自己犠牲の尊さを知ることができるからだ。

野球を通して学んだことは多い。

現役20年間を振り返って誇れるのは、2000安打など残した数字ではない。プロ野球選手としてだけでなく、高校、大学を通じて決してあきらめず挑戦してきた過程を大切に思ってきた。だからこそ「結果がすべて」という言葉が好きではない。

もちろん、プロ野球選手だから結果を問われるのは当然だ。その点で「結果は大事」だ。でも、やはり「すべて」ではない。結果がすべてなら、成績を残した選手全員が人格者ということになる。残念ながら、必ずしも、そうではない。例え成績が伴わなくても、人間として立派な人はたくさんいる。これは何も野球界に限ったことではないと思う。学校や会社、仕事。いろんな場所において、「結果＝人格」ではないと思う。

広島に復帰してからは黒田博樹さんと再び同じユニフォームを着ることができ、後輩たちのおかげもあって3度も優勝を経験させてもらった。最高の「結果」と言える。だから、周りからも現役最後の4年間をクローズアップされることが多い。でも、それは決して本意ではない。

苦しく厳しい練習に明け暮れた広島の若手時代、さまざまなことを経験させてくれた阪神での7年間も大事で欠かせない「過程」だ。

広島へ復帰後、初めて甲子園球場へ行った時は大きな声援をもらった。阪神のファンや関係者の方々にもやはり、感謝の言葉しかない。知らなかった世界を体験したことで視野も広がった。

「結果がすべて」という基準からすれば、広島での若手時代はチームやファンに迷惑ばかりを掛けて「結果」では応えられなかった。阪神時代も優勝という「結果」は出せなかった。でも、そんな苦しく、つらい過去があって、今がある。結果が伴わなかったからといって否定しないし、なかったことにはできない。今につながる大切な道のりだった。

心を磨く護摩行

例えば、「言霊（ことだま）」というものがあるように言葉には力がある。逆境の時に周りから掛けられた言葉に救われ、乗り越えることができた。逆に誰かを励ましたり、助言したり、懸命に訴えることで道が拓けたこともあった。

言葉そのものに力があるのではない。「何を言ったのか」ではなく「誰が言ったのか」だと思う。例え同じ言葉でも発言者によって受け止められ方は違うからだ。

問われているのは、言葉の内容ではない。発した人物が、どのような経験を持ち、どのような道を歩いてきたのか。正直に誠実に歩いてきたら、すべての言動に整合性が保たれる。その背景が言葉に力を与え、胸を打ち、人を動かすのだと思う。自分がやってこなかったことを、他人に対して「こうしなさい」「ああしなさい」とは絶対に言ってはいけない。歩んできた道は消しゴムでは消せない。だから、結果ではなく、日頃からの生き方が大切だと思う。

そのためにも自分を磨かないといけない。心は鏡だ。見たこと、聞いたことを映し出す鏡だ。心が曇ってしまうと本当のことを見誤ってしまう。だから、現役を引退してからも護摩行を続けることは決めている。

護摩行は燃え上がる炎の前で般若心経などを唱えることで煩悩を焼き尽くすという密教の修行だ。摂氏400度にも達する火柱の前でお経を唱え続けることは、尋常ではない苦しさがある。少しでも気を抜けば、気を失ってしまう。数日間の修行の後は顔や手が焼けただれ、のどにも火傷が残ることもある。何年やっても慣れることはない。でも、年に一度やることで心に溜まった垢《あか》や埃《ほこり》を落とすことができる。

初めて鹿児島の最福寺へ行ったのは、04年12月だった。2年続けて不振にあえいでいた頃だ。テレビ局の企画として提案され、すがる思いで出向いた。最初は精神的な弱さを払拭して、野球で結果を残したいという動機だった。

護摩行をやったからといって、打てるようになるのか、野球がうまくなるのか……と問われるとわからない。結果的には翌05年は初めて本塁打王のタイトルを獲得できた。自分の中で何かのきっかけになったことは事実だ。翌年からも欠かさず続けてきた。

苦しい修行なので、行く前は気持ちが重い。行きたくない。そのたびに逃げてはダメだと言い聞かせてきた。苦しいことから逃げると、うれしいことや楽しいことはやってこない。それは体を鍛えるトレーニングと同じだ。トレーニングもつらい。でも、やらないと戦えない。護摩行も心を鍛える大切なトレーニングだった。

護摩行を指導してくれる池口恵観先生からもさまざまなことを教わった。例えば、欲を持ってはいけないと言われるが、欲には種類がある。「小欲」と「大欲」だ。「小欲」は自分さえよければという自分勝手な欲だ。対して「大欲」はみんなを喜ばせたいという欲だ。「大欲」を持つことは、大きな活力になる。

阪神時代からオフ恒例の護摩行でメンタルを
鍛えシーズンに臨んでいた

精神的に得たものが大きい。逃げずに火柱に向き合うことは、自分との戦いだからだ。やり抜けば、大きな心の支えになった。気がつけば、野球のためではなく、生きていく上で自分を磨くために欠かせない行事になった。だから、現役を引退した後も続ける。

世界的な普及のために

野球界は来年夏に東京五輪という大きな出来事を控えている。五輪で野球が開催されるのは08年の北京以来だ。他でもない日本代表の四番として出場した大会だ。試合前にベンチで円陣を組み、昨年1月に亡くなった星野仙一監督が「絶対に勝つぞ！」と号令したとき、選手全員が泣きそうになりながら「うおーっ」と絶叫したことを覚えている。独特の緊張感の中、全員で全力を尽くした。結果は4位に終わっても、日の丸の重みも背負った経験は得がたい財産になった。

東京五輪を楽しみにしていたところ、24年のパリ五輪では野球が開催種目から除外されるという残念なニュースが届いた。今後は28年ロサンゼルス五輪での復帰に照準を合わせていかざるを得ない。世界的に普及させるにはどうすればいいのか。これは長年にわたる課題で、7回制の導入などルールの根幹にかかわる変更も協議されることになるのは仕方のないことかもしれない。

一方でワールド・ベースボール・クラシック（WBC）という大会は06年に始まり、既に4度の大会開催という実績を積んだ。一定数のメジャー・リーグの選手も参加し、今後も歴史を重ねていくことが期待される。選手には大きな負担かもしれないが、侍ジャパンが常設化され、プレミア12という大会も今秋に2回目を迎える。

だからこそ、東京五輪以降、野球が五輪種目として復活するなら、アマチュア選手の目標になってほしいという気持ちがある。日本の野球界はプロ野球だけでは成り立たない。社会人野球や大学野球などにも素晴らしい歴史と伝統がある。アマチュア野球が衰退することはプロ野球にとっても大きなマイナスだ。協力し合ってこそ、日本の野球界は発展していく。プロはWBC、アマは五輪。棲み分けできれば理想なのでは……と個人的には思う。

最近の高校野球では投手の球数制限が話題になっている。導入するには、もっと制度として突き詰めていかないといけないのではと思う。

例えば、3年生にとっては最後の夏の大会。公立校ではエースが1人しかいないことは珍しくない。力投していたエースが5回や6回で定められた球数に達したことで交代し、試合が壊れてしまうこともある。そんな結果に終われば、本人もチームメイトにも大きな悔いが残る。球児たちの心情を思うと、一概に「100球で交代」としてしまっていいのか、と思う。3年間辛い練習を頑張ってきた。その最後に大人が決めたルールを押しつけてしまっていいのか。

もちろん、まだ子供だから、将来のことを大人が考える必要はある。ただ、一様に100球と定めるのではなく、もっといろんな付帯条件が反映されるような形を整えて初めてルールとして導入できるのではないか。物理的に難しい事情はあるが、根幹的なルールに手を付ける前に、過密な大会日程の緩和など大人ができる、やらなければいけないことはまだまだある。

付け加えるなら、今回にわかに球数制限が議論され始めた背景には米球界の影響も見え隠れする。今の日本の高校生はレベルが高く、メジャー球団にとっては選手発掘の魅力的な市場だ。球児の体や将来を考えるというのは建前で、私的な利益を考えて

2019年の春季キャンプでは、背広を着て12球
団を回った。新たな野球人生がスタートしている

のアプローチなら残念だし、結果として球児たちのためにはならないと思う。

2月にキャンプ地を訪問した際には、いろんな先輩たちから「いつユニフォームを着るんだ」と言われることも少なくなかった。まだ現役を退いたばかり。指導者になることを考えたことはないし、まだまだ考えられない。特に広島に復帰してからの4年間は単身で選手寮に入り、家族とは離れて過ごした。今はまず家族との時間を大切にしたいと思う。

それにユニフォームを「着る」「着ない」は自分だけが考えて決められるものではない。この先、何がどうなって、どんなタイミングが訪れるのか。それは誰にもわからない。一度離れた広島に再び戻る日が来るとは想像できなかったように。

大切なのは、周りに生かされているという謙虚で感謝の気持ちを持つことだと思う。繰り返すが、自分1人で生きているなどという考え方は傲慢で大間違いだし、おこがましい。

今年1月で42歳を迎えた。42年間にわたって「新井貴浩」という人生を歩んできたことになる。この時代、このタイミングで生きることができるのは、両親がいて、ひいては祖父母、さらには、その前の世代がいてこそだ。昔からのつながりがあって、今の時代に生かされている。このタイミングでなければ、プロ野球選手ですらなかったかもしれないし、今の自分は存在しない。この〝つながり〟は自分の息子たち、そして次の世代へと引き継がれていくものだ。

すべては終わりのない〝物語〟だと思う。

野球も同じだ。自分の野球人生だったけど、「自分だけ」のものではない。現役の時にたくさんの人から、たくさんのものを与えられた。「応援」「助言」「指導」「機会」など数え切れないものをもらった。本当に恵まれた。それらを次の世代へ引き継いでいかないといけない。どんな立場で、どういう形で伝えていくのかはわからないけれど、野球を大切にしていく、その気持ちだけは必ず持ち続けていく。

おわりに

12球団のキャンプ地を回った2月、うれしかったのは、どこへ行っても、それぞれのチームのユニフォームを着て、帽子をかぶったファンがたくさんいたことだ。子供たちの目が輝いていた。プロ野球がファンあってのもの、と言うなら、すべてのファンを大切にしたいと改めて思った。「広島だけ」、「阪神だけ」では成り立たない。12球団のファンがいてこそ、プロ野球界だ。

例えば、オリックスのキャンプ地では、多くの若い選手が頑張っていた。低迷が長く、広島の若い頃が重なった。応援したい気持ちになった。

2019年のシーズンが開幕した。

引退したことで「カープの選手」から「カープのファン」に戻った。当然、後輩たちのことは気になる。丸佳浩が抜けても、選手層は厚い。何より昨季まで3連覇を経験したことで「勝ち方」を知っている選手が多いのは大きな強みだ。「やらなければばいけないこと」、逆に「やってはいけないこと」を知っている。年齢層は若くても、いい意味で円熟している。新加入の長野久義もすぐに打ち解けるだろう。そういう家族的な雰囲気が広島にはある。

巨人へ移籍した丸佳浩のことも、ずっと応援している。弟のように思う気持ちは移籍したからといって変わらないからだ。7年間在籍した阪神も矢野燿大監督のもとでどう巻き返して来てくるのか楽しみだ。もともと力のあった投手陣に西勇輝とガルシアが加わった。金本知憲前監督が鍛えた若手もいる。

キャンプ中には日本ハム・栗山英樹監督と話す機会を持つことができた。これまでは球場であいさつをする程度。野球の話をさせてもらったのは今回が初めてだった。開幕前に戦力的に下馬評が高くない時でも優勝し、日本一にもなっている。どのような考えを持っているのか。以前から興味があった。想像通りの方だった。監督として相当な実績を積んでいても、常に何かを吸収しようとしている。そんな謙虚な姿勢を持ち続けることは簡単ではないし、何より選手たちとのコミュニケーションの取り方が素晴らしいと感じた。日本ハムの選手たちは「栗山監督を胴上げしたい」と思っているのではないか。新鮮な気持ちで話を聞かせてもらった。

引退してグラウンドを離れたのだから、現役の時には観られなかったものを観たい。在籍した広島や阪神だけを観るのではなく、パ・リーグを含めて視野を広げたい。野球そのものは、もちろん、きっと野球以外の部分でも、肌で感じるものがあるはずだ。

それぞれの球場ではファンの方がどんな応援をして、どんな盛り上がり方をしているのか。それぞれの球団では、どんな取り組みが進んでいるのか。今まで観たことがないから興味が尽きない。そこには新しい発見や気付きが、きっとある。

そして、いろんな人との出会いが待っているはずだ。

感謝の気持ちを持って、新しい出会いを楽しみにしたい。

２０１９年４月

新井貴浩

盗塁刺	犠打	犠飛	四球	死球	三振	打率	長打率	出塁率
1	1	0	8	1	31	.221	.484	.288
1	0	2	18	5	54	.245	.505	.318
3	1	1	36	3	86	.284	.495	.363
3	0	3	38	6	124	.287	.514	.342
1	1	3	39	6	120	.236	.402	.299
0	0	1	29	2	55	.263	.424	.340
3	1	3	37	5	126	.305	.603	.353
1	0	9	32	4	117	.299	.479	.336
2	0	7	55	1	136	.290	.480	.351
1	0	4	35	5	83	.306	.454	.371
5	0	7	28	6	82	.260	.401	.299
2	0	**8**	52	11	89	.311	.484	.374
0	0	**7**	41	4	106	.269	.418	.321
3	0	2	30	1	85	.250	.363	.296
3	0	**7**	60	5	110	.267	.403	.350
0	0	1	15	2	33	.244	.330	.309
0	0	4	48	2	73	.275	.385	.348
1	0	4	54	1	101	.300	.485	.372
0	0	4	40	1	56	.292	.461	.389
0	0	4	14	0	26	.219	.368	.295
30	4	81	709	71	1693	.278	.453	.339

【獲得タイトル】

本塁打王　　05年

打点王　　11年

新井貴浩　年度別一軍打撃成績

年度	球団	試合	打席	打数	得点	安打	二塁打	三塁打	本塁打	塁打	打点	盗塁
1999	広島	53	105	95	14	21	2	1	7	46	14	1
2000	広島	92	233	208	26	51	6	0	16	105	35	3
2001	広島	124	354	313	38	89	12	0	18	155	56	2
2002	広島	**140**	559	512	63	147	28	2	28	263	75	1
2003	広島	137	537	488	58	115	20	2	19	196	62	2
2004	広島	103	294	262	36	69	10	1	10	111	36	3
2005	広島	142	587	541	91	165	30	1	**43**	326	94	3
2006	広島	**146**	611	566	78	169	23	2	25	271	100	1
2007	広島	**144**	619	556	84	161	22	0	28	267	102	1
2008	阪神	94	410	366	54	112	22	4	8	166	59	2
2009	阪神	**144**	599	558	68	145	32	1	15	224	82	4
2010	阪神	**144**	641	570	96	177	42	0	19	276	112	7
2011	阪神	**144**	602	550	68	148	25	3	17	230	**93**	5
2012	阪神	122	493	460	46	115	25	0	9	167	52	1
2013	阪神	140	548	476	60	127	20	0	15	192	70	2
2014	阪神	94	194	176	13	43	6	0	3	58	31	0
2015	広島	125	480	426	52	117	22	2	7	164	57	3
2016	広島	132	513	454	66	136	23	2	19	220	101	0
2017	広島	100	288	243	36	71	14	0	9	112	48	2
2018	広島	63	132	114	7	25	3	1	4	42	24	0
通算20年		2383	8799	7934	1054	2203	387	22	319	3591	1303	43

※太字はリーグトップ

【表彰】

最優秀選手　16年
ベストナイン　一塁手部門:05年、16年
ゴールデングラブ賞　一塁手部門:08年
月間MVP　05年6月
オールスターゲームMVP　13年第2戦
オールスターゲーム優秀選手賞　02年第2戦
オールスターゲーム敢闘選手賞　13年第3戦、15年第2戦）
オールスターゲーム新人賞　02年
セ・リーグ連盟特別表彰　功労賞:18年

［著者紹介］
新井貴浩
あらい・たかひろ●1977年1月30日生まれ。広島県出身。右投右打。189cm102kg。広島工高から駒澤大学を経て99年ドラフト6位で広島に入団。02年に140試合に全出場。28本塁打を放った。05年は43本塁打で本塁打王のタイトルを獲得した。07年オフ、FA権を行使して阪神に移籍。11年に打点王になるなど活躍も、14年は出場機会が減少し、オフに自ら申し出る形で自由契約となった。15年に8年ぶりに古巣・広島に復帰。16年にはリーグMVPを獲得する活躍で四番打者として25年ぶりのリーグ優勝をけん引。17年途中からは代打出場が多くなったが、リーグ2連覇。さらに18年はケガで出遅れたが、5月に一軍復帰すると持ち前の勝負強さを発揮し球団初の3連覇に大きく貢献した。2018年シーズン限りで現役引退。

ただ、ありがとう
「すべての出会いに感謝します」

2019年4月1日　第1版第1刷発行

著者　新井《あらい》貴浩《たかひろ》
発行人　池田哲雄
発行所　株式会社ベースボール・マガジン社
〒103-8482
東京都中央区日本橋浜町2-61-9　TIE浜町ビル
電話　03-5643-3930（販売部）
025-780-1238（新潟出版部）
振替口座　00180-6-46620
http://www.bbm-japan.com/

印刷・製本　大日本印刷株式会社
©Takahiro Arai 2019
Printed in Japan
ISBN 978-4-583-11212-1　C0075

＊定価はカバーに表示してあります。
＊本書の文章、写真、図版の無断転載を禁じます。
＊本書を無断で複製する行為（コピー、スキャン、デジタルデータ化など）は、私的使用のための複製など著作権法上の限られた例外を除き、禁じられています。業務上使用する目的で上記行為を行うことは、使用範囲が内部に限られる場合であっても私的使用には該当せず、違法です。また、私的使用に該当する場合であっても、代行業者等の第三者に依頼して上記行為を行うことは違法となります。
＊落丁・乱丁が万一ございましたら、お取り替えいたします。